조미경 첫 번째 시집

| 작가의 말 |

그리움이 묻어나는 일상에서 건져올린 시어詩語들

  책을 읽는 기쁨을 넘어 부족한 글이지만 꾸준하게 작품 활동을 하면서도 지금 내가 걷고 있는 이 길이 바른 길인지 혹은 울퉁불퉁 굽은 길인지 알지 못하면서 그저 앞만 보고 정신없이 달려왔다.
  특별한 목적이나 목표가 없는 기나긴 여정, 목적지에 다 왔나 싶어 달려가 보면 실제로는 더 멀리 있고 또 달려가 보면 저만치 달아나 있곤 했다.
  온몸으로 부대끼는 서정이 누군가에겐 눈물이 되고, 또 누군가에겐 그리움이 되고, 시가 되고 밥이 되듯이 내 시 한 수 한 수가 누군가의 아픈 눈물을 닦아 주는 따뜻한 위로가 되어 든든한 한 끼, 마음의 양식이 되길 소망한다.
  문학의 세계는 기존에 내가 속해 있던 세계와는 또 다른 영역이었고 아직도 나는 이중생활을 계속 중이다.
  내 마음을 미처 따라가지 못하는 재능과 깊이를 알지

못하는 시어의 구사가 다소 미흡할 수는 있겠지만 내 나름대로 순간순간 번득이던 것을 정리한 것들이 이번에 발간되는 시집 『여백』이다.

그간 시어를 하나씩 주워 모으고 찬찬히 실에 꿰어 반지와 목걸이를 만들고 그것을 내가 좋아하고 사랑하는 사람들의 목에 이쁘게 걸어볼 수 있겠다는 생각이 나를 기쁘고 설레게 했다.

시집 『여백』을 묶는 손길에 무거움과 함께 설렘이 느껴지면서, 이 시집을 엮기까지 후원과 조언을 해주신 임수홍 이사장님과 채수영 박사님, 그리고 항상 격려를 아끼지 않는 나의 동반자에게 감사의 말씀을 드립니다.

怡軒(이헌) 조미경

| 추천사 |

늘 최선을 다하는
진실하고 아름다운 시인!

임수홍
(주간 한국문학신문 · 월간 국보문학 발행인)

누구나 바쁜 일상이 파노라마처럼 펼쳐진다.

그러나 대부분 사람들은 서너 가지 일이 막상 닥치면 우왕좌왕 할 수밖에 없다. 그래서 삶이란 끊임없이 훈련되고 반복하는 과정에서 진정한 프로로 변화한다고 말한다.

조미경 시인은 일산과 수원을 하루씩 번갈아 다니면서 하는 사업에도 최선을 다하고 있다. 그러면서 시인, 수필가, 소설가로 활동하면서 보통 사람들은 상상할 수 없는 작품을 거의 날마다 발표하는 초인적인 마력을 발휘하고 있다. 특히 장편소설을 연재하는 지독한 고행의 길에서도 늘 초점을 흐리지 않고 목표로 정한 길을 당당히 걷고 있는 앞으로 너무나 기대되는 여류문인이다.

또 바쁜 와중에도 국보문학그룹 사무총장을 맡아 안살림을 도맡아 하는데도 평소 몸에 밴 겸손함과 낮은 자세에서 봉사하며 늘 긍정적인 자세로 회원들과 소통하면서 무슨 일이라도 함께하는 믿을 수 있는 사람으로 각인되어 있다.

이번에 내는 첫 시집 『여백餘白』은 그동안 살아오면서 가슴으로 느낀 삶의 이력들을 1부 '꽃은 계절의 숨결', 2부 '사랑은 그림자 보석', 3부 '고향과 인생', 4부 '다시없는 오늘을 위해', 5부 '시간의 흔적'으로 나눴다.

특히 어린 시절 시골에서 자라면서 본 아버지와 어머니의 고생이 지금은 50대 중반 자식을 둔 어머니가 된 시인이 부모님에 대한 애틋한 사랑을 뒤돌아보면서 갈수록 효孝문화가 점점 희미해지는 요즘 젊은이들과 코로나19 때문에 자유로운 활동을 할 수 없는 독자들에게 꼭 이 시집을 추천해주고 싶다.

/ 차례 /

:: 작가의 말　　　/ 2
:: 추천사 _ 임수홍(한국문학신문 발행인)　　　/ 4

제1부 꽃은 계절의 숨결	꽃은 피는데 / 12
	봄은 게으른 자를 위한 음악 / 13
	4월의 말씀 / 14
	목련화 봄 마중 / 15
	꽃들의 외출 / 16
	토끼풀을 간직한 소녀 / 17
	가을에는 억새와 춤을 추리라 / 18
	들풀 향기 / 19
	가을 물결무늬 / 20
	가을이 내 가슴에 들어왔어요 / 21
	가을은 시인의 계절 / 22
	가을을 마중하며 / 23
	억새꽃 피는 가을 산 / 24
	은행잎을 품으며 / 25
	마음에 붉은 낙엽이 깃들다 / 26
	가을비에 물드는 망상 / 27
	시월의 소망 / 28

제2부	
사랑은 그림자 보석	꼭 만나고 싶은 그대 / 30
	국화꽃 같은 당신 / 31
	편지를 보내면서 / 32
	그대 기다리는 시간 / 33
	그대와 이렇게 살리라 / 34
	만남 / 35
	꽃길을 만들어요 / 36
	먼 곳에서 피는 꽃 / 37
	보고 싶은 얼굴 / 38
	못난 사랑아 / 39
	비 내리는 날의 오후 / 40
	고백 / 41
	강물에 띄우는 연서 / 42
	단풍잎에 새긴 사랑 / 43
	임이 그리워라 / 44
	그대 그러므로 나 / 45

/ 차례 /

**제3부
고향과
인생**

어느 날 문득 / 48

여수 오동도의 추억 / 49

그이와 함께라면 / 50

무지개를 찾아서 / 51

등불 / 52

아버지의 고무장화 / 53

어머니의 마음 / 54

어머니의 뒷모습을 닮은 꽃 / 55

저녁 풍경 / 56

소금 인형 마을 / 57

낙엽 쌓인 긴 의자 / 58

으음 바로 이 맛이야 / 59

초콜릿 향기 / 60

칵테일 바에서 / 61

팥 칼국수 / 62

단팥죽과 어머니 / 63

관곡지 / 64

화려한 가을은 가고 / 65

제4부 다시없는 오늘을 위해

순백의 신부를 마주하고 / 68

다시없는 오늘을 위해 / 69

저녁 별 / 70

바로 이 순간 / 71

중년을 말한다 / 72

꽃샘추위 / 73

촛불 켜는 밤 / 74

코스모스가 피어있는 철로 / 75

노을 / 76

글을 쓴다는 것 / 77

명창 황진이를 그리며 / 78

시인 허난설헌 / 79

소설 같은 인생 / 80

그릇에 무엇을 채울까 / 81

불 꺼진 창가에서 / 82

문 / 83

눈 속에 묻어 둔 그리움 / 84

詩人의 마음 / 85

/ 차례 /

제5부 시간의 흔적

11월을 떠나보내며 / 88

첫눈은 나의 꿈 / 89

눈 내리는 아침 / 90

임을 보내며 / 91

지독한 사랑에 운다 / 92

눈앞에 보이는 보석 / 93

달콤한 깨강정이 있는 마을 / 94

홍시 / 95

곶감 / 96

된장 항아리 노래 / 97

종소리 들린다 / 98

노을 지는 강 / 99

시간의 흔적 / 100

눈부처를 마주하며 / 101

그대를 사랑할 때 / 102

나목 / 103

겨울 바다 그곳에는 / 104

자화상 / 105

:: **작품해설** _ 채수영(시인·문학비평가)   / 106

제1부

꽃은 계절의 숨결

꽃은 피는데

출근길에 바라본 벚나무
벚꽃이 화들짝 피어서
시선을 강하게 붙잡는다

낭창하게 늘어진 개나리도
샛노란 병아리 떼로 보이고
노란 물감을 칠한 그림 같은데

목련이 또 다시 피었으니
옛사랑 소식이 궁금하다고
봄볕에 오래 서 있는 나는

봄을 애타도록 기다렸으니
봄 하늘을 바라보는 일도
지각하게 된 줄도 아는 나.

봄은 게으른 자를 위한 음악

산엔 바람이 구름을 부르고
언덕 너머로 들새 우짖는 소리
개울엔 올챙이가 떼 지어 다니고
겨우내 동면에 들었던 동물들이
기지개를 켜고 잠을 깨는 계절
우듬지에 둥지 틀어
짝을 만나 짝짓기에 분주한 새들
먹이 찾아 들판을 내달리는 노루들
흙에 뿌리내리는 부산한 몸짓은
생명을 잉태하려는 식물들의 노동
봄은 게으른 자들을 깨우는 음악이다.

4월의 말씀

사월은 꽃샘추위가 사라지고
벚꽃이 시나브로 떨어지는 계절
유채꽃도 기력을 회복하여
꿩 둥지에 아지랑이를 피운다

아직은 먹구름이 기웃거리는지
소나기가 휩쓸고 지나간 자리에
들풀은 물먹은 솜처럼 무겁고
길을 나선 나그네를 고단하게 하네

꽃들은 앞 다투어 피어나지만
산길에 소소리 바람이 불면 춥고
햇볕이 고이는 풀밭은 따스하여
아직도 겨울과 봄이 뒤섞이는 계절

자연의 숨결이 굽이치는 사월
무르익은 봄은 온다는 믿음에
제비는 기억의 언덕으로 찾아와서
집을 짓는 생명의 노래가 눈부시다.

목련화 봄 마중

잿빛 하늘이라 추운데
벌거숭이 목련 가지에
하얀 새알이 달려있네

작년 이맘때에도 살포시
순백의 미모를 자랑하더니
이조백자 종지가 달려있네

목련이 얼마나 아름다웠으면
말도 안 되는 생각을 할까
그래서 나는 시를 쓰는 걸까?

봄엔 꽃이 피어야 한다고
여자는 예뻐야 더 좋다고
올봄엔 동네 처녀가 다 곱다.

꽃들의 외출

황량한 겨울 들판에 봄바람 불어
눈 쌓인 산정에도 온기를 전한다
눈이 머물던 돌담 아래
꽃은 화장하여 화려한 외출을 한다
깊은 동굴에서 잠자던 개구리도
왕방울 눈을 흐릿하게 뜨고
기어 나오는 모습이 사진 같아서
기지개 켜는 소리로 썰렁했던 대지가
흑백사진에서 천연색 사진이 된다
이제 새들도 드넓은 창공을 날아서
햇살이 부서지는 강가를 찾아오겠지
해마다 새로운 봄이기에
새로 땋은 갈래머리처럼 아름다운 봄
꽃은 립스틱을 짙게 바르고 웃는다.

토끼풀을 간직한 소녀

싱그러운 공기가 넘실거리는 초여름
들길을 걸으며 아련한 추억에 잠겨
함께 놀던 어릴 적 친구를 떠올린다

소꿉장난 하느라고 신랑신부 되어
가느다란 내 팔목에 손가락에
풀 팔찌와 풀 반지가 된 토끼풀

내가 아끼면 그이는 소중하기에
작아도 꽃이기에 볼수록 귀여워서
푸른 세 잎 푸른 네 잎 다 곱다

행운도 그렇게 내 마음
책갈피에 간직했던 세 잎 토끼풀은
세월이 흘러도 행운을 꿈꾸게 하네.

가을에는 억새와 춤을 추리라

바람이 시간의 강을 건너와
다시 또 다른 들판을 향하듯
여름이 데리고 간 뱀 딸기 오솔길
붉은 혓바닥 날름거리며 피었던 칸나
백일의 사랑을 완성하느라고
정염의 소나타를 연주하던 백일홍
코스모스가 피었다 지는 노을 속에
다람쥐도 겨울나기 하려고 부지런히
도토리를 줍느라고 바쁜 가을
어쩌면 다 그만큼 깊은 사연이 있어
갈바람이 되어 황금 무지개를 찾지만
추억 속에 살아도 세상은 충분히 아름답다.

들풀 향기

언젠가 산길을 오르다가 보았었네
들꽃에 앉아있는 호랑나비 한 쌍

영화 장면처럼 눈이 밝아오기에
사진을 찍으려고 다가가다가
미끄러져 손으로 들꽃을 꺾고 말았네

맑은 하늘을 거울인 양
싱그러움을 노래하던 풀잎들이
더 진한 향기를 내뿜으며 시드는데

호랑나비들도 놀라서인지
서둘러 다른 방향으로 날아가는 아픔

가끔 산길을 걷다 보면
내 마음도 상처 난 풀잎 같아
추억에도 들풀 향기가 어른거리네.

가을 물결무늬

아직은 햇살 따뜻하고
그늘진 곳마다 바람이 서늘하여
꽃이 피고 진 생채기에 알찬 열매

상실과 결실의 이중주에
옷깃을 흔드는 바람
재킷 위에 트렌치코트를 입으면
가을 하늘에도 실구름이 번질까?

가을 물결무늬 짙은 스카프로
낭만이 깃든 꿈길을 거닐고 싶은데
왠지 모를 서러움에 깔리는 노을

벌레 먹힌 낙엽이 긴 의자에 기대어
바람이 데려갈 냉기를 머금고 있다.

가을이 내 가슴에 들어왔어요

수정 구슬이 모여 별자리를 이루듯
새벽 별이 질 때까지
먼동에 그림자 여울지며
하늘을 바라봅니다

하늘엔 물결 소리가 스며들어
음영으로 번지는 들녘에서
가슴이 탁 트이는 수평선을
바라보는 착시를 일으킵니다

투명한 햇살이 굽이치는 하늘가로
희고 보드라운 구름이 헤엄치는데
얼마 남지 않은 가을의 풍요에
꽃들은 향기를 뿜느라고 분주하고

새들이 지저귀는 평화로운 아침마다
산등성이에 가을을 그리는 해그림자
단풍이 짙어지는 가을 풍경 너머로
펼쳐진 세상은 눈부시게 아름답습니다.

가을은 시인의 계절

가을이 애잔한 이유는 단풍이 곱고
푸른 하늘이 눈부신 때문이 아니다
여름엔 폭염으로 땀이 나도
꽃씨를 남기고 시든 해바라기처럼
시인들에겐 시심이 깊어지는 계절
단풍이 낙엽이 되어 찬바람에 떠돌아도
가을을 붙잡고 싶은 이유는
그리워해야할 사람이 있기 때문이다.

가을을 마중하며

아침 창밖에서 들리는 노래 소리는
꽃에 앉은 나비가 꿈을 꾸듯
날개를 접었다가 펴는 모습처럼
기분 좋은 향기를 담고 있다

오늘은 좋은 일이 생길 것 같아
창밖에서 들리는 웅성거림을 귀담아도
지난여름에 뜨겁게 노래하던 매미들도
허공 어딘가에 영혼의 안식을 찾고 있겠지

살다 보면 그리움과 외로움
기다림을 낳기도 하지만
매미가 떠난 자리에 들국화가 피었으니
다가오는 가을은 추억이 넘실거리는 꿈길

밤이 들어 달이 뜨고 달빛이 번지면
밤이슬이 차갑다고 우는 풀벌레에게
눈인사로 마음을 전하는 애처로움에
밤 풍경은 눈시울이 따갑도록 고즈넉하다.

억새꽃 피는 가을 산

커피를 마시면서 내다본 창 너머 풍경
산객에게 천연색 사진을 선물하려는지
물감을 머금은 가을바람이 흐르고 있네

뉘우치면 이미 가을이라는 말씀처럼
바람이 스치면 부드러운 몸짓으로
한 없이 뒤척이는 억새꽃의 춤사위

바람결에 제 음성을 내는 억새는
휘어질 듯 가는 허리를 세우고
길 떠나는 청둥오리 떼에게 손짓하고

억새는 수수한 마음을 가꾸기에
가을을 지키는 시골 아낙네처럼
더불어 가을 하늘을 지킨다.

은행잎을 품으며

푸른 은행잎은 봄처녀의 온기
손과 발 말초에 이르기까지
따뜻한 혈액이 골고루 흘러
꽃의 여왕인 장미에 비할까
달빛을 받아 피어나던 달맞이꽃의
청초한 눈부심에 비할까
파란 은행잎을 술에 담가 마시면
옛날이 어제처럼 아련하게 떠올라
그리움의 대명사로 명명된 이름
샛노란 은행잎은 가을이 물든 백지
아직도 소녀의 꿈이 사는 책갈피엔
전해야 할 사연이 미이라가 되고 말아
오래 볼수록 현기증이 일어나서
은행나무에 기대어 잠시 눈을 감는다.

마음에 붉은 낙엽이 깃들다

차창에 맺힌 투명한 빗방울들
실벌레처럼 가늘게 흘러내리고

어둠이 깔린 창밖은 원시의 풍경
추억은 다시 비에 젖는데

낙엽 더미에서 피는 들꽃인가
가슴 저 밑바닥에 사는 그대

둘이서 다니던 그곳이 혼자라서
낙엽이 우는 길이만큼 멀어졌는데

빗줄기가 그리는 물결무늬 따라
마음의 갈피엔 아늑한 기적소리 뿐.

가을비에 물드는 단상

반나절 넘게 비가 내리는 가을 저녁
산에 사는 생명들도 비를 맞이하겠지
메뚜기도 멧돼지도 숲속에서 비를 맞겠지
꽃나무도 열매도 어쩔 수 없이 비에 젖어
가을이 깊어 가는데

비가 내리거나 눈이 쌓여도 산은
생명들이 대를 이어 사는 보금자리
그이를 기다리며 모과차를 마시는 동안
창밖으로 빗소리는 귓가에 어른거리고
가을이 깊어지는데

비로 목욕한 나무들은 모처럼 몸치장하고
새가 와서 둥지 틀기를 바란다는 생각에
며칠 쌓인 피로가 구름처럼 가벼워져서
자연을 닮고 싶은 마음은 깊어지는데.

시월의 소망

시월은
꽃이 시들어도 꽃씨가 여무는
열매가 쪼그라들어도 씨가 사는
처음과 끝이 한결같아서 좋은 계절
믿음을 염려하지 않아도 믿음이 되는
원하는 만큼 해주려고 최선을 다하는
시월은
그이가 있으므로 세상이 밝아오는
내 눈길도 문득 빛나는
낙엽 한 잎도 가을을 알리는
진정으로 나를 보여주고 싶은
시월은
밤을 지키는 풀벌레도 고마운 가을.

제2부

사랑은 그림자 보석

꼭 만나고 싶은 그대

척박한 땅에서도
상고대가 돋은 계절에도
피어야만 꽃이기에
필연의 만남을 기다리는 꽃씨

눈이 녹아 봄기운이 스며들고
내 마음 봄 햇살에
기지개를 켜는 쌍떡잎처럼
스치는 바람결에 서성이는 나
꿈속에서라도 듣고 싶은 속삭임

속절없는 기다림이라고 한들
어깨에 기대어 쉬려면
발자국 소리가 들려야 하므로
낙엽 바스러지는 소리도 아파서

이제 나는 외로운 길손
그대의 미소가 사는 곳은 멀어서
보석처럼 은하수가 나를 지켜주지만
내 발길은 당신의 그림자를 밟습니다.

국화꽃 같은 당신

가로수 플라타너스 잎들은
고개를 떨구며 무거운 어깨를
힘없이 드리우고 있습니다

은행잎은 시린 통증의 시간을 견디며
구슬 같은 땀방울을 뚝뚝 흘리며
애처로운 눈빛으로 묵묵히 서 있습니다

화분에는 순수함을 사랑하는
노란 국화꽃들이 줄지어 서서
가을의 낭만을 노래합니다

가을을 바라보는 얼굴에는
평온함으로 다가올 애잔함을
노래하는 멜로디를 읊조리고 있습니다

햇살 아래 농부의 순박한 얼굴
소박하면서도 건실한 한 송이 향긋한
국화꽃 같은 당신이 그립습니다.

편지를 보내면서

여기 설레는 마음을 새긴다
내가 한 잎 깨문 사과가
사랑의 증표인 하트 모양이 되기를

낙엽이 떨어져도 그뿐이 아닌 것을
낙엽은 제 나무 밑동에 누워
나무둥치를 감싸는 이불인 것을

우체통을 보거나 집배원을 만나면
그리움이 꿈결처럼 밀려들어
그이의 웃음소리 들리는 듯

이 순간은 오직 그대만 있으므로
가장 평온한 마음을 간직하므로
그대의 희망이 나의 소망이기를.

그대 기다리는 시간

만나기로 약속한 시간 전에는
봄바람이 구름을 날린다는 생각에
나무에 기댄 내 그림자도 정겨워서
옷깃을 흔드는 바람에도 설렌다

가로수 잎사귀도 반갑고
두 그림자가 하나가 되는 상상에
걸어 다니는 비둘기 발목도 보인다

하지만 약속 시간이 지나도
그이가 오지 않는다

기다림이 길어지는 동안
점점 불길한 예감이 들긴 하지만

창문이 벽으로 보이기 시작하고
들려오는 음악소리도 공허하지만
아직은 편지로 마음을 전하듯
답장을 기다려야 하는 상황인 것을.

그대와 이렇게 살리라

단풍이 천하의 가을을 알린다고 해도
낙엽이 세상의 슬픔에 젖는다 해도
그대와 함께 맞이하는 가을이라면
푸른 낙엽의 설움도 배우고 싶어요

음악이 잔잔하게 흐르는 카페에서
카푸치노 향기로 그대 돋보일수록
밤이슬이 차갑다고 우는 풀벌레를
기억하는 시인이 되고 싶어요

가을바람은 나날이 차가운 늦가을
어깨가 넓어서 등이 시릴 그대
그리움이 기다림을 낳는다 해도
따스한 당신의 숨결을 생각하며

달빛에 날아가는 청둥오리가 되어
매미가 죽거나 눈사람이 되어도
오직 당신만을 사랑하는 마음으로
겨울나기 하는 수선화로 살고 싶어요.

만남

설레는 공간에 기다림으로 가슴 뛰던 시간들
마음 가는 길에 환하게 미소 짓는 그대 얼굴
분명 나도 환하게 웃지만 나를 볼 수가 없어

서로 무척 기다렸다가 만나는 대합실
반가움에 와락 안고 싶은 속마음 숨기고
마음결로 빚은 정성을 말씀으로 드릴 뿐

부딪치는 유리잔 소리에 반응하는 동안
두 눈 가득 영혼의 소리 들리는 듯하여
상상의 나래는 쌍무지개 다리를 놓고

다시없는 인연 쌓기를 소망한다면
시작은 간이역과 같은 만남으로 비롯되어
종착역까지 가면 그때 이별을 생각한다고.

꽃길을 만들어요

울다보면 지혜가 생길까요
울어서 해결이 된다면 우세요
작은 일부터 천천히 하기로 해요
능력도 없이 욕심부리지 않도록
서로를 다독이고 갈 길만 가기로 해요
키스는 사랑하는 사이의 특권
자주 할수록 정이 넘치거든요
부부로 세월을 낭비하지 않았으니
사과나무를 심으면 사과가 열린다는 사실
자식들이 마음 놓고 살 수 있도록
열심히 일한 우리는 크게 웃어도 되니까
아무리 따져보아도 안락하다고
우리만 아는 꽃길을 걷기로 해요.

먼 곳에서 피는 꽃

먼 곳은 신비롭다
그대의 모습은 멀리 있어
무지개가 뜨면 마냥 설레었지

먼 곳에 사는 별과 달
먼 곳으로 날아가는 청둥오리들
바람결에 스치는 향기도
굳게 닫혀있던 마음을 뚫고 들어와

가까이서 바라본 그이
황홀하여 곁에 다가가고 싶지만
다시 먼 곳으로 떠나야 한다기에
초라한 손짓으로 보내야 하는 설움

작별은 아름다운 슬픔인가
꽃씨를 품고 시드는 꽃이여
먼 곳으로 떠난 영원불멸에
우리가 거닐던 그 길을 지키소서.

보고 싶은 얼굴

꽃들이 지천으로 피어날 때
문득 떠오르는 기억 하나
반드시 그대여야만 하는 사연
어느새 계절은 정염의 여름이 지나
쓸쓸함이 묻어나는 가을이 찾아오면
눈길이 닿는 곳에 그 얼굴이 또렷하여
향기로운 언어로 시를 쓸 때마다
그리움을 전해주던 은빛 억새의 물결
가을걷이를 끝냈어도 팔 벌린 허수아비
짙푸른 여름을 뜨겁게 보냈으니
누굴 나무라고 누굴 어리석다 하겠는가
생각할수록 옛날 상처가 덧나도
추억은 마냥 그윽한 눈길에 닿는 순간들
해마다 날아온 이름이기에
꽃향기를 그리며 그림자를 환송하리라

못난 사랑아

사랑은 나를 드리는 마음인데
멀리 떠난 그를 잊지 못하여
눈가에 어른거리는 환영에
가슴이 뜨겁게 요동치는가

기억 저편에 던져두고서
다시는 생각하지 않을 것처럼
바라는 것도 바랄 것도 없다고
냉정하게 돌아섰는데

서로 주고받은 말씀도 사랑
슬픔을 나눌 때도 빛나던 마음
그대가 어디서 무엇을 하든
변함없는 마음이 사랑인 것을

하늘에서 이슬이 내리듯
소리 죽여 흐느끼던 나
울어도 흐느껴도 사랑은
오직 사랑이기에 나는 못난이.

비 내리는 날의 오후

비가 내리면 내 남자를 기다린다
그리움으로 끓여낸 기다림으로
커피를 마시고 싶은데 유리창엔 빗방울

외출한 사이 올까봐 마중도 못 나가서
빗방울을 세면서 안쓰러움으로 노래하면
등 시린 내 남자의 발자국 소리인가

우리가 함께 남김없이 비워 낼 생각에
외로움에 비하면 그리움은 약이라고
묻어 두었던 그림 속을 헤매어도 좋아

비 오는 날마다 빗물에 젖고 싶어서
그대 입김인 양 뜨겁게 마시는 커피
먹구름 사이로 천둥 치는 소리 들린다.

고백

나는 꿈 많은 여인
언제든 꼭 받고 싶은 말이 있어
제풀에 겨운 설렘을 달랩니다
한 번은 듣고 싶은 그 말
생각만으로도 가슴이 떨립니다
말만 들어도 눈이 밝아진다는
이미 그 말을 알고 있습니다
바람결에 뿌려지는 꽃향기보다
더 달달하고 향긋한 그 말
못 들을 까 두렵고 가슴은 뜁니다
무슨 연유가 있다고 고백한다는 그 말
연유가 궁금해도 고백을 받고 싶어요
나만 사랑한다는 진심이 보석 같아서
온전히 받을 마음의 준비가 필요할까요
내가 밤하늘에 빛나는 별을 좋아한다니까
자주 밤하늘을 바라본다는 그이
그 마음에 빛나는 별을 받고 싶어요.

강물에 띄우는 연서

강가에 가면 강물을 바라보게 되고
강바람이 옷깃을 흔들게 되고
나도 강에 펼쳐진 노을처럼 물들고

강물을 타고 어디론가 떠나는 낙엽
풀덤불에서 들려오는 풀벌레 소리
가을에 도지는 아픔에 울고 싶지만

길 잃은 나그네의 한숨인가
외로운 여인의 노랫소리인가
상한 갈대도 저리 슬프진 않을 것을

강에 사는 생명도 소중한 존재
사랑이 머물던 과거로 회귀하며
그리움을 고이 접어 강물에 띄운다.

단풍잎에 새긴 사랑

살이 빠져버려 실그물만 남은 낙엽
가는 가을이 안타까워서
낙엽을 붙인 백지에 시를 적는다

낙엽은 초록 잎사귀가 늙은 여인
하지만 산하를 굽어보고 산 세월에
수많은 이별을 보면서 눈물 참았으리

추억은 새로운 모습으로 거듭나서
백지수면 위로 추억이 떠오르고
모든 순간을 사랑으로 채우려고 했던 나

바스러지면 흙이 되어 사라질 낙엽
다시는 마주 할 수 없어 애타는 마음
낙엽은 영원히 사랑하는 당신이라 쓴다.

임이 그리워라

떠난 임의 목소리인양
가을 하늘가에 애잔한 풀벌레
주위는 어둠에 얼룩지고
들녘을 향해 귀 기울여 보는 동안

갓 베어낸 풀잎이 지르는 비명처럼
절절한 향기마저 허깨비로 보여
달그림자가 물가에 서성이며
고즈넉하게 환청이 일렁거린다

차츰 외로움이 밀려오고
어둠이 짙을수록 별은 빛나는데
방랑자가 품은 밀어엔 밤공기도 차다

그리움이 길어지면 임이 다시 올까
길은 속절없이 길어서 애끓는 심정
바람결에 스치는 소리에 달을 쳐다보는
한 마리 승냥이가 되어 맞이하는 새벽.

그대 그러므로 나

나와 그대의 시선이 부딪친 곳에
마음 가득 그대의 모습이 눈부셔
내 눈은 싱그럽고 가슴은 설렌다

바람이 불고 낙엽이 떨어져도
겨울나무는 맨몸으로 추위를 견디고
봄을 기약하며 그 자리를 지킨다

계절이 변화는 자연의 이치이기에
바람이 불면 그만큼 흔들리면서
서로 의지하고 보람을 찾는 우리

앞날에 어떤 고난이 온다 해도
손을 마주 잡고 같은 곳을 향해
사랑하며 가시밭길 헤쳐 나가요.

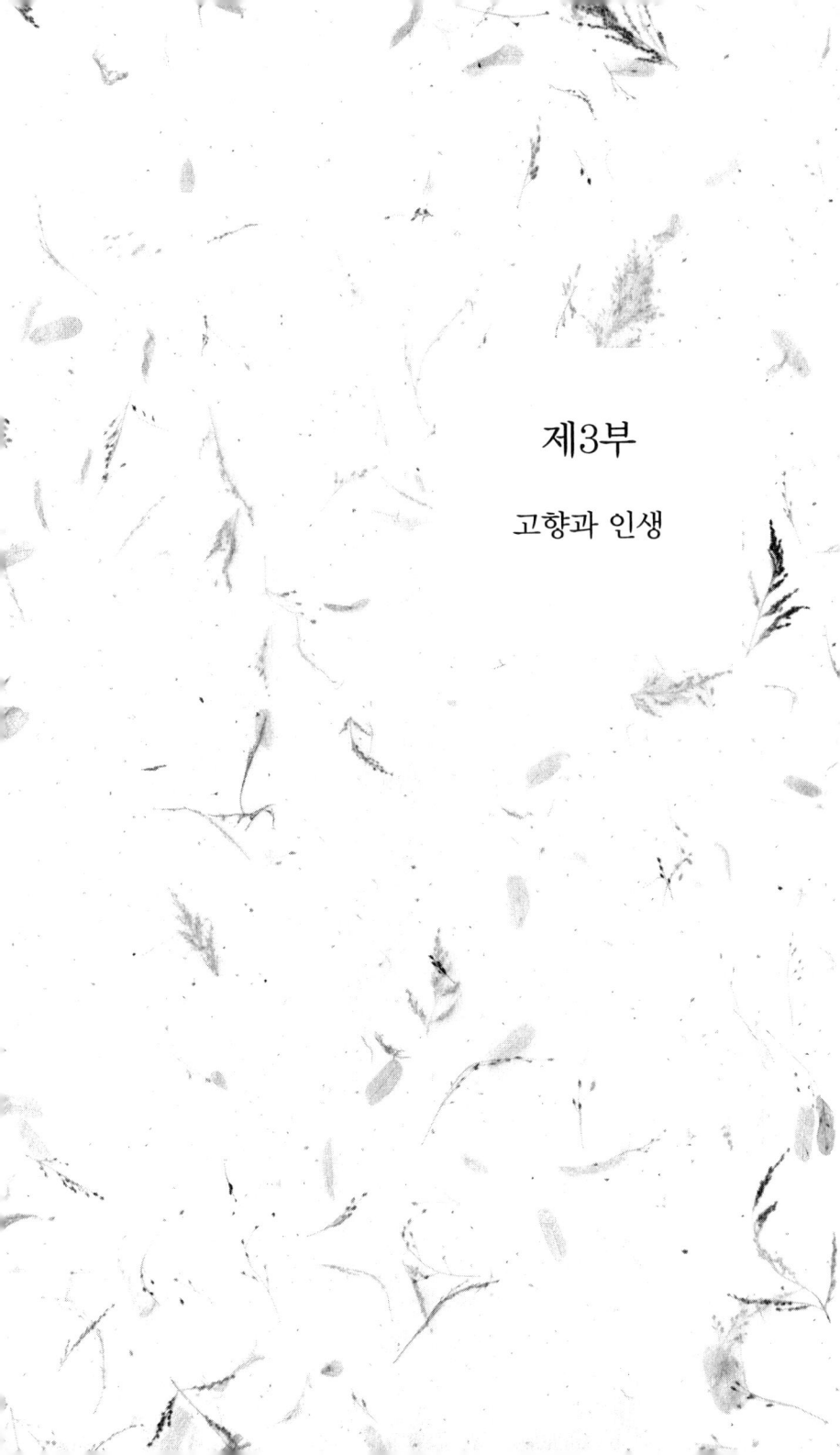

제3부

고향과 인생

어느 날 문득

왜 이토록 가슴이 뛰는가
무엇이 나를 미소 짓게 하는가

마음이 평온한 어느 날
사진첩을 천천히 걷어보았다
사진마다 그때의 풍경과 사연이
주마등처럼 스쳐 지나가는데

애써 웃는 시골 소녀
사진 한 장
그런데
이마가 튀어나온 앞짱구

그 세월에 나를 돌아보게 하는
이마가 무척 예술 감각적이라는.

여수 오동도의 추억

초등학교 시절
오동도로 수학여행을 가서
먹었던 어묵 볶음 맛을 잊을 수 없다
그이와 겨울에 가서
회를 먹었는데
지금도 그 맛을 잊지 못한다
세월이 흘러 오십대가 넘은 나
오동도로 관광여행을 가서
홍합 안주로 소주를 들이켰으니
동백꽃이 통째로 투신하는 기암절벽이
저절로 절경을 이루었으니
손자가 생기면 또 가서
오동도 등대 너머로
다도해를 물들이는 석양을
바라보아야지.

그이와 함께라면

애써 나를 감추려고 해 본 적은 없어
시골 출신답게 순수했지요
어느 날 내가 근무하는 부서로
그이가 와서 꼬드기는 말을 했어요
가끔 훔쳐보았는데 밉지가 않아서
굳이 고상한 척 할 수가 없었지요
앞으로 무슨 일이 생겨도
'걱정하지 않아도 돼, 내가 다 해줄게'
나만 보면 싱글거리는 그이가
어느새 내 마음에 깃들었네요
그이로 인하여 세상이 밝아지고
그이가 있어 인생이 맑아지면 그 뿐
그이의 미소는
어떤 영화보다 감동이 넘쳐서
오늘도 저녁 지으면서 가슴 다독여요.

무지개를 찾아서

어린 시절 비 피하기 하느라고
남의 집 문간에서 빗소리 들었다
어른이 되면 자동차 운전을 해야지

비가 그치면 웬 비가 그렇게 왔냐고
맑아지는 하늘을 눈여겨보면
하늘가에 뜬 무지개가 보였지

무지개 그림은 그리기가 쉬웠다
먹구름과 흰구름을 그리고
빨주노초파남보로 반원을 세운다

한 때는 무지개 뜬 언덕에 올라
서울행 기차를 저물도록 바라보았지
그때 무지개 꿈으로 서울에 살고 있지.

등불

등불은 어둠을 밝히는 광명
아궁이에 군불로 저녁을 짓고
등잔에 기름 넣어 등피를 닦고

여인네 바느질 그림자가
방문 창호지에 비치면
한 폭의 그림이 되고

날씨가 추워지는 가을밤
유난히 달이 밝으면
남쪽으로 날아가는 기러기 떼

등잔 밑은 등잔 받침대가 있어
언제나 가장 어두운 곳이었다.

아버지의 고무장화

아버지 얼굴은 검버섯이 핀 바위
손수레에 퇴비를 싣고 끄시거나
산에서 땔나무를 지고 오시거나
어떤 고난도 굳건하게 견디셨다

장마철이면 전쟁에 나가는 용사처럼
손에는 손 때 묻은 삽을 들고
우비 입고 고무장화를 신고 빗속에
물꼬를 드는 모습도 장엄하셨다

논에는 거머리도 미꾸라지도
메뚜기도 참새도 더불어 살기에
일 년 내내 고무장화가 편하다고
흙을 아끼는 마음을 몸소 실천하신 농부

어느덧 나도 지천명, 거울을 보면
감을 따 주시던 아버지가 생각나서
어디선가 까치 우짖는 소리 들리고
고무장화가 흑백영화처럼 떠오른다.

어머니의 마음

어머니의 마음은 신을 닮으려는 마음
자식을 가르치려고 애쓰다 보니
여자의 일생이 산 높고 바다 같이 깊어
못하는 것도 모르는 것도 없지만
환갑을 바라보는 자식도 걱정이 태산
자식이 무엇을 좋아하는지 알기에
구순이 넘어도 새벽바람에 밥 짓는다
자식들은 힘드시니 일하지 말라고 해도
맛있게 먹는 모습이 흐뭇해서 하시는 것
사람됨이 근본이라고 때로는 꾸짖고
때로는 예쁜 딸이라고 칭찬해주시던 어머니
가정을 지키고 자식을 키우고 있으니
인생의 스승인 어머니를 닮고 싶다.

어머니의 뒷모습을 닮은 꽃

농사를 짓는 아버지를 만나서
평생 동안 땀 흘려 일하시던 어머니
대가족이 사는 집이라 분주한 일상에
허리 한번 제대로 펴지 못한 가난

장독대는 어머니가 아끼는 신천지
허리가 펑퍼짐한 항아리들을
걸레로 닦으시며 눈물을 참은 뜻은
세월이 가면 좋은 시절이 오리라고

장독대에는 무더운 여름 햇살에도
채송화와 접시꽃, 맨드라미도 피는데
딸들 손톱에 봉숭아 꽃물을 들이려고
평상에 모여 앉으면 밝게 웃으셨다

금년 여름에도 고향집 장독대엔
봉숭아꽃 위로 잠자리가 날고 있겠지
추억을 품고 매니큐어를 칠할 때마다
꽃을 사랑한 어머니의 뒷모습을 본다.

저녁 풍경

땅거미가 산허리를 갉아먹을 때
숲 속 외딴 오두막집 굴뚝에서
저녁 짓는 연기가 피어오르면

나무들도 강물에 들어 몸을 씻고
어디선가 뻐꾸기가 짝을 부르고
조물주의 손길 따라 별이 돋는다

머루 빛 물감을 칠한 그림처럼
하늘은 가을의 빛으로 물들어
유리창마다 등불이 켜지는 초저녁

낙엽처럼 떠도는 계절
누구나 겨울잠이 따뜻한
하늘복음이 땅에 닿기를 기도하련다.

소금 인형 마을

소금장수가 다녀간 골목길엔
찢어진 가마에서 흘린 쌀처럼
사방에 뿌려져 소금밭이 되었다

아까운 마음에 손으로 집어 드니
손의 온기로 소금은 녹아내리고
손바닥엔 소금인형이 흘린 눈물뿐

솜이불처럼 포근한 구름도
소금인형 집에 살고 싶어서
바다를 비추는 해를 반기고

바다가 흘린 땀이 소금 꽃 되어
피를 맑게 해 주는 고마움에
소금장수는 오늘도 마차에 소금을 싣는다.

낙엽 쌓인 긴 의자

아무라도 지나다니다가 앉아서 쉬라고
오솔길 모퉁이에 긴 의자가 있다
아무도 앉지 않은 긴 의자를 본다
나는 이미 오래전에 마음을 비웠으니
남에게도 자리를 내 줄 긴 의자일까?
수많은 별 중에 지구는 푸른 별
여기 태어난 사람들이 소풍 가는 길에
긴 의자에 앉아서 추억을 저장한다면
언제든지 인연으로 생각해도 되겠지
어느 시인의 말씀처럼
다시 오솔길을 찾아올 사람을 위하여
긴 의자는 오래 비워둔다기에
낙엽이 잠시 머물러도 마음은 풍요롭다.

으음 바로 이 맛이야

홀로 간직해야 할 사연처럼
콧노래가 절로 나오는 풍미
밤 깊도록 홀로 마시고 있다
입안에서 퍼지는 달콤함에
연신 고개를 끄덕이며
그래, 바로 이 맛이야!
몇 개를 더 깨물어 먹으며
문득 떠오르는 생각에
잠시 먹던 일을 멈춘다
아뿔싸, 어쩌면 좋아
시간이 몇 시인데 지금까지
그걸 놓지 못하는 나를 책망한다
잠자리에 들어야 할 시간에
추억도 좋지만 그리움도 좋지만
다 지나간 일 이제는 안 돼.

초콜릿 향기

작은 창으로 드는 바람결에
고추잠자리가 연녹색 커튼이
활엽수 그늘인 줄 알고
선풍기가 돌아가는 거실로 들어왔다

잠시 커튼에 앉아서 쉬더니
잘못 들어온 줄 알았는지
유리구슬처럼 생긴 눈알을 굴린다

어제는 그이와 밤송이를 줍다가
손에 가시에 찔려 쓰라렸는데
잠자리는 살려야 한다고 내몰았더니
요리조리 피하다가 용케 날아갔다

붉은 노을을 몰고 올 그를 기다리며
찻잔에 초콜릿 사랑을 타서 마셨더니
어제의 두려움은 설렘으로 일렁이기에
작은 창으로 초승달이 뜰 것을 믿는다.

칵테일 바에서

어머니 모습이나 아내 모습 말고
오직 여자라는 이유만으로도
아름다움이 넘칠 때도 있다
그래서 가끔은 용기가 필요해
바람 간간이 불어 좋은 밤
그래, 나도 한번 취해보는 거야
잠깐의 흐트러짐은 괜찮을 거야
내가 또 다른 나를 체험한다는 것
민얼굴에 립스틱만 바르고 천천히
근처 라이브 카페까지 걸어가서
투명한 유리잔에 술을 섞어 음미하고
음악 따라 시상을 떠올리고 있노라면
상기된 얼굴이 복사꽃으로 물들고
평온하던 심장이 두근거리겠지
오십대 중반이라는 시절이 가기 전에
여자라는 이유만으로 모두 달콤하기를.

팥 칼국수

어린 육 남매를 품에 안고 키우느라고
아궁이에 불을 지펴 연기가 매캐해도
어머니는 무쇠솥에 팥을 자주 삶으셨다

끓인 팥 칼국수를 먹을 생각에 들떠서
방과 마루를 넘나들던 천둥벌거숭이들
강아지도 덩달아 신이 나서 뛰어다니고

밥상에 둘러앉고 나서야 땀을 닦는 엄마
어머니의 나이가 되어 추억을 먹고자 하나
인고의 세월을 웃음을 지니고 떠나셨으니

엄마가 끓여준 손맛 팥 칼국수를 떠올리면
여태 간직한 치맛자락처럼 눈에 선한데
오직 자식 사랑임을 깊이 새긴다.

단팥죽과 어머니

스스로를 위로하고 싶어서
포근함과 달콤함이 좋아
유년의 추억 속에 앉아 있다

서리 내려 등 시린 가을이라
따사로운 정이 그리운 때문일까
어머니가 쒀준 단팥죽이 생각난다

어린 나에게 액운에 끼지 말고
부디 건강하게 자라서 행복하기를
빌어주시던 어머님 마음

이제 시골 고향에 논과 밭을 사고
집을 지을 만큼 자리를 잡았는데
오늘도 따뜻한 그리움을 먹는다.

관곡지

잔잔한 물이 흐르고
향기를 찾아 싱그러움을 찾아
고운 자태를 보기 위해
한달음에 달려온 사람들

청초한 소녀가
눈부신 꽃으로 환생하여
세파에 찌든
영혼을 향기로 씻겨 주려
꽃잎에 사뿐히 앉아
길손을 부르고 있다

소녀의 손을 잡으면
영혼의 소리도 함께 쓸려와
내 마음에
소담한 연꽃 한 송이 건넨다

고요한 달빛에 머물던 향기가
슬며시 자취를 감추면
꽃봉오리에서 음악이 흘러
지친 심신에 알약 하나 건넨다

* 관곡지 : 시흥시 향토 유적 제8호로 지정된 국내 3대 연꽃 명소로
   불리고 있는 연못

화려한 가을은 가고

한 폭의 수채화 같은 나무들
헐벗고 굶주린 이리처럼
앙상한 가지만 드러내고
을씨년스럽게 서 있다.

길가에 시든 풀섶에도
빛바랜 외로움만 남고
가을의 화려했던 영화는
아무 가치도 없다

초록물결 이루며 피어오르던 담쟁이
누런 자취만 남아
비련의 여주인공처럼
거친 손만 보인다

왕자처럼 버티고 서 있던 가로수
거리엔 낙엽만 쌓이고
여기저기 잔해들이 뒹굴고 있다

화려한 가을은 가고
벌써 흰 눈이 내린 초겨울
봄은 어느 길목에 숨어
꽃 피울 그날을 꿈꾸고 있는지.

제4부

다시없는
오늘을 위해

순백의 신부를 마주하고

행복을 꿈꾸는 면사포를 쓴 너는
백조처럼 순백의 신부가 되었으니
오늘부터 지상에서 가장 귀한 꽃이다
죽어가면서 향기를 내뿜는 부케는
나의 행복을 위한 제물인 것을
나와 짝을 이룬 이를 위해서
헐벗고 굶주리거나 병들거나 미워도
죽을 때까지 서로 보듬고 살아야 한다
꽃처럼 환한 미소를 지으면
똑바로 쳐다볼 수 없는 아름다움을
평생 간직하여 사랑의 불꽃을 지키리
비가 오나 눈이 오나 사랑하는 마음은
싱그러운 햇살이 가득한 날과 같으니
내 마음 깊은 곳에 신의 축복이 있기를.

다시없는 오늘을 위해

숲을 헤치며 부딪치는 바람에
만산홍엽이 불에 타듯 스러지고
발밑에서 구르는 낙엽의 비명이
찬 서리를 몰고 오는 기러기 울음

단풍과 낙엽의 갈림길에서
바람을 견디려고 빗금 긋는 억새
메뚜기도 멧돼지도 다람쥐도
부지런히 먹이 찾아 나서고

머잖아 과거로 멀어져 갈 이 가을
꽃은 꽃씨를 품고 열매는 무르익고
저마다 겨울 채비하느라고 분주하고
추수가 끝난 밭엔 허수아비만 남고

가을은 겨울로 떠나는 결실의 열차
겨울잠을 자고 나면 새봄이 온다
어제보다 오늘을 더 사랑하며
새로운 날들을 위하여 축배를 들자.

저녁 별

밤하늘을 보려고 마당으로 나갔다
낮에 보았던 나뭇잎도 돌멩이도
고요 속에 파묻혀 보이지 않고
풀벌레 소리만 가슴에 파고든다

밤하늘엔 별들이 자리를 지키면서
이방인의 출현을 가만히 엿보는 듯
어디 간들 다 사람 사는 세상이라고
올바른 길을 찾으라고 빛나고 있다

살다 보면 외로운 이를 만나서
서로 안부를 물으며 마시는 커피는
달빛에 젖은 풀벌레 소리를 듣는 시간
이 또한 날이 새면 추억이 되는 것을.

바로 이 순간

세월이 약이겠지요
그때는 그럴 수 있었지만
지금은 아니거든요
날씨가 추우면 옷깃을 여미듯이
사람은 저마다 삶의 방식이 있지요
모든 것은 지나가므로
영원한 것이 없기 바라지만
서툴러서 떠나보낸 첫사랑
첫사랑이 깨진 자리에
빗물처럼 흐르던 눈물
이젠 이별의 슬픔도 희미하기를
마음에서 지우려고 하는 지금
지금이 바로 보약 같은 순간이지요.

중년을 말한다

인생의 계절은 벌써 초가을
향수를 뒤적이며 추억을 불러내고
미래의 청사진을 펼쳐본다

지금이 가장 고귀한 금이라는데
언제부터 타성에 젖어 살고 있는가
대책 없이 황금을 녹여버릴 순 없다

효도하는 마음은 과거를 지키고
자식을 돌보는 마음으로 미래를 열고
자신을 가꾸는 일은 지금 해야 할 일

겸손해야 모든 것을 사랑하게 되겠지
다람쥐도 겨울잠을 자야하니까
부지런히 도토리를 물어 나른다.

꽃샘추위

차가운 냉기를 가득 품은 산하
꽃샘추위에 꽃망울이 깃드나니
차가운 미소 흘리며 다가온 여인

살갗에 닿기만 해도 소름이 오싹
겨울나무는 눈이 쌓이면 눈꽃이 피고
마당을 지킨 눈사람 봄볕을 기다린다

겨울이 지나면 새봄이 오는 것처럼
고통을 견디고 있으면 기쁨이 오듯
봄꽃은 고드름이 흘린 꽃잎이리라.

촛불 켜는 밤

두꺼운 겨울옷 벗어던지면
몸도 마음도 날아갈 듯
아찔한 봄날이 온다
잠 못 드는 그리움처럼
노란 산수유 꽃이 피어
마음을 들썩이게 하면
꽃그늘 아래 맑은 물이 흐르고

가을바람 찬바람에도
가을볕은 따뜻해서
산수유 열매는 붉게 익는다
단풍이 가는 길에 서성이는 임을
달래주려고 홍옥 팔찌 알처럼
산수유 열매는 달그림자를 지켜도
편지를 읽는 여인은 촛불을 켜고.

코스모스가 피어있는 철로

어디서 들리는 음률인가
가늘게 떨리는 멜로디를 찾아
꿈에 그리던 간이역에 내린다

간이역 대합실 거울에 비친 들꽃
갈바람이 스치는 옷깃을 스치는데
어디선가 많이 본 풍경이
나그네의 발목을 붙든다

철로 옆으로 코스모스가 무척 피어
푸른 하늘에 뜬 구름에게 손짓하듯
추억에 물든 여인의 자태로 변한다

어디로 떠난 음성인가
철로에 핀 코스모스를 그리면서
추억의 행간을 접고 기차에 오른다.

노을

어스름에 동녘을 열고
광활한 하늘을 쟁기질하던
노을이 서산 너머로 진다

종일 구부린 허리 펴려고
땅거미를 가늠하는 저녁
노을은 울혈을 풀려고 한다

한 때 떫은 감이 홍시가 되듯
다시없는 여행에 고요가 흘러
오늘을 위하여 숨을 고르는데

이 저녁에도 누군가는
빈손으로 먼 길을 떠나려고
병실 창가에서 노을을 만나리라.

글을 쓴다는 것

글을 쓴다는 것은 저지르는 것
저지르면 뉘우쳐야 될 게 뻔하지
글을 써야만 후련해지는 나는
날마다 상상하는 곳을 여행한다

어제도 날이고 오늘도 날이지만
아무리 비바람이 휘몰아쳐도
꽃도 피어야 꽃이기에
백지에 새 집을 짓는다

모든 만남은 새롭게 저지르는 것
낙엽은 땅에 버린 헌옷이지만
개미들의 지붕이라는 생각이 들면
어제 일은 오늘 하는 일과 다르다

어쩌지 못하는 허무를 부여잡고
사물을 보면서 사연을 만들면서
스스로를 비극의 주인공이 되어
눈물겨운 연극무대에 침몰한다.

명창 황진이를 그리며

황진이는
맹인인 황진사의 서녀로 태어났다
열다섯 꽃다운 나이에
삼단 같은 머리를 빗질하고
고운 얼굴에 분칠을 하고
입술에 연지를 바르고 길을 나서면
목덜미와 얼굴선이 보석처럼 빛났다
그녀가 걸을 때마다 스치는 비단 소리가
자태를 더욱 도드라지게 하는 바람에
이웃 총각이 황진이를 짝사랑하다가 죽자
관에 치마를 벗어주고 기적에 이름을 올렸다
미모와 가창뿐만 아니라 시가에도 능하여
기발한 이미지와 세련된 언어구사로
당대 명창의 반열에 오른다
우아한 걸음걸이는 학이 춤을 추는 듯하고
향기를 내뿜던 꽃들도 숨을 죽일 정도여서
뭇 사내들이 시조창을 겨루었으나
황진이의 절창에 그만 마음을 접었으니
나 또한 시심으로 마음껏 풍류를 즐기리라.

시인 허난설헌

엊그제 꽃봉오리 닮은 나이에 젊었더니
어느덧 이팔청춘인데 늙었다고 한탄인가?
친정집에 옥사獄事가 있어 가슴 아파서
시집살이가 죄스럽고 생김새마저 처량한데

서방님은 꽃 좋은 날 저물녘 정처 없이 나가서
호사로운 행장을 하고 어디서 머물러 노는고?

아아 슬프도다 허난설헌 시인이여
시류를 탓한들 무슨 소용이며 하소연이랴
타고난 재능이 눈물 장단에 지는 낙엽일 뿐

난간에 기대어 서서 임 가신 곳을 바라보니
우거진 대나무 숲에 새 소리가 더욱 처량하여
차라리 잠이 들어 꿈에서나 임을 만나려고 하니
창가에 어른거리는 달빛마저 기척인 듯 설레누나.

소설 같은 인생

나는
난세에 태어나지 않아서
영웅이 될 수 없었으나
보람과 즐거움을 위하여
부지런히 살고 있다

행복하게 사는 것만이
최고의 덕목이 아니라면
허공에 계단을 만들고
내가 나에게 선물하듯
가공의 길을 개척해야겠다

지금처럼 살다가는
도무지 갈 수 없는 상상의 길
사건에 휘말린 주인공을 통하여
처음으로 나선 길에 발을 헛디뎌
길바닥에 쓰러져 눕게 되면
독충이 우글거리는 상황을 만들어서
어떻게 인내하는지 지켜볼 일이다.

그릇에 무엇을 채울까

병에 물을 담으면 물병이고
꽃을 꽂으면 꽃병인데
무엇을 어떻게 담아야 그릇이 돋보일지
가장 소중한 무언가를 채워 보고 싶다

소박하지만 그릇마다 의미가 있다
의미를 부여하겠다는 생각조차도
내 마음에 무엇을 채워야 하는지
바람으로 스치다가 비워야 하는지

다른 것들과 조화를 이루어 아낄 때는
달빛처럼 은은한 빛을 품은 사기그릇이
버림받고 깨어지면 날카로운 파편이 되어
복수에 불타는 상처가 되어 신음한다

나는 언제든지 편안한 그릇이 되고 싶다
인생을 아름답게 보는 지혜로 글을 쓰고
자연에서 구한 느낌과 감동을 간직하면
내가 아끼는 그릇은 비어 있어도 소중하다.

불 꺼진 창가에서

외로움은 백지와 같으므로
마음이 순수하고 고요한 상태인데도
그리움을 맞이할 종착역이
그 사람의 따뜻한 마음이라서
아직은 간이역에서 서성이는 미혹일까
삶이 힘들수록 상상은 깊어져서
현실에서 구할 수 없는 것을 구하고
고향을 찾아 떠나는 마음처럼
오랜 기다림으로 입은 상처를 달랜다
그리움에 시달려 본 자만이
외로움을 안다는 말이 있듯이
제 팔짱을 끼고 불 꺼진 창가에 서서
가로등 불빛 따라 말없음표를 전하는 밤
밤을 새워도 내 꿈길엔 진주가 열리기를.

문

얼마나 오래 혼자였는지
문을 보면 알 수 있다
들풀이 꽃을 피운다는 것은
밖으로 꽃향기를 뿜어내는 표현이고
나무가 열매를 맺는 것은
오래 잠겨 있는 문을
활짝 여는 것과 같은 소통이다
같이 사는 사람이 있으면 문을 닫지만
혼자 살면 외출할 때 문을 잠근다
불 꺼진 방문에 손대면
문의 냉기에 소름이 돋기도 하는데
홀로 불을 켜던 외로움에 길들여졌으니
꽃을 피우지 못하는 들풀의 설움을 배우고
열매를 맺지 못한 나무의 허전함을 알았다면
닫힌 문 사이에 스며들 반가움을 기약하고
초인종을 울려줄 사람을 찾을 일이다.

눈 속에 묻어 둔 그리움

눈이 내린다
님을 맞이하듯 수줍게 맞이 했건만
사랑을 비웃듯 쓸쓸히 제 갈길을
떠나고 마는 흰 눈이 야속하다

혼자 남은 자의 빈자리가 슬퍼
눈물을 흘리던 그녀.
그 눈동자를 닮은 흰 눈은
내리자마자 떠나고 말았다.
그 사람이 보고파 찾아간 곳
흔적도 없이 사라졌던 그는
새 벗을 만나 행복해졌을까?

눈은 그런 내 마음처럼
아무도 만나 주지 않는 슬픔이 되어
하염없이 내리고 있다.

詩人의 마음

매일 글을 끄적이다 보면
때로는 생소한 이야기를 쓰고 싶어
알맞은 단어들을 찾기 위해
썼다 지웠다를 반복한다.

나만의 글을 쓰기 위해
나만의 시선으로 관찰하며
요리조리 뜯어도 보고
한입 깨물어 맛을 보기도 한다

글을 쓴다는 것이 쉬운 일이 아니다
자연과 인생
물질과 성분
가장 멋진 시인이 되고 싶은
꿈 때문에
오늘도 나는
숱한 시어(詩語) 들과 씨름한다.

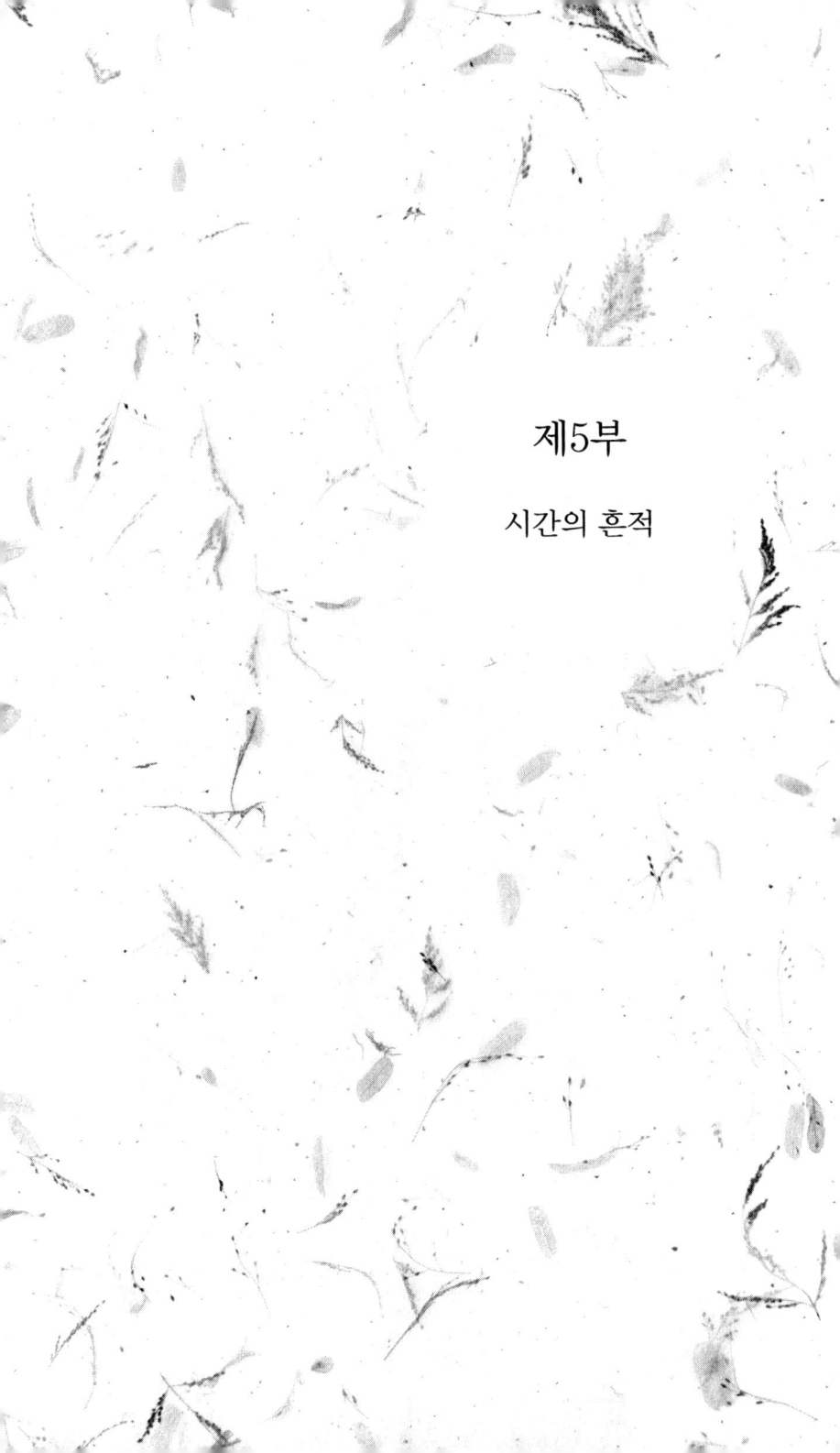

제5부

시간의 흔적

11월을 떠나보내며

11월은
가을이 겨울로 가는 길
땅 위에 누운 낙엽이
정처 없이 먼 길을 나서면
먼 산에선 첫눈이 내리겠지
첫눈이 밉다고 소쩍새가
짝을 찾아 구슬피 울면
대문 밖에서 별을 헤면서
떠난 임이 다시 올 건가
돌아오기를 기다리는 동안
들꽃 향기가 바람에 흩어지고
풀벌레 울음이 허공에 뜨면
물결무늬로 달빛 여울지는 밤.

첫눈은 나의 꿈

첫눈이 내리면 흐느끼고 싶습니다
눈은 그리움이 되고 설움이 되어
내 입김에 녹아 어깨에 앉습니다
그럴수록 당신이 보고 싶어집니다
첫눈은 겨울이 왔다는 증거이므로
우리는 온통 하얀 마음뿐이었습니다
지금도 첫눈이 내리면 떠오르는 마음
티 없이 맑던 그 시절을 떠올려보면
아낌없이 드리고 싶어서 흥이 났지요
점점 멀어지는 그 음성 그 눈동자만
내 마음에 담아둔 진주처럼 빛납니다
나의 소망과 기쁨을 노래하는 첫눈
해마다 선물처럼 그리움이 쌓입니다.

눈 내리는 아침

아침에 눈을 떠보니
찬바람 스치는 창밖으로
함박눈이 휘날리고 있습니다

한강에 사는 철새는 어디 가고
이파리 벗은 가로수만
눈꽃을 피우고 있습니다

혹독한 추위를 견디어야
새봄을 맞이한다고
눈은 하염없이 내리는데

어느새 하얀 백지를 펼친 길
누군가 발자국 남기기 전에
당신께 사랑을 전하러 갑니다.

임을 보내며

눈에서 임을 보낸다고
마음속에 사는 임도 떠날까
여기 사연을 말못하지만
떠나보낸 서러움에 가슴 아프다
기억에서 애써 지우려고 애쓰면
그대 미소 뒤에 깔리던 붉은 노을
노을 속에 떼 지어 날아가는 청둥오리
지금도 그대의 등엔 따스했던 감촉
강에 발을 담그는 산 그림자와
가냘프게 들리던 풀벌레 소리
지우개로 지우듯 다짐하건만
무슨 말을 해야 할지 망설였던 마음
불러도 대답 없는 메아리가 되면
허공에 흩뿌려야 할 그리움만 남겠지
오래도록 흠이 남아 흉 자국만 선연하고.

지독한 사랑에 운다

매일 바라만 봐도 좋은 그이
달콤한 사랑의 밀어에
세상에 태어난 기쁨이 넘치건만
잠깐만 곁을 떠나면 눈물이 나고
언젠가는 마주 잡은 손이
영영 떨어지고 만다는 두려움이…
사랑은 줄수록 더 많이 주고 싶어서
사랑은 받을수록 더 받고 싶어서
욕망이라는 이름의 증기 기관차
오직 그 사람만 그이기에
한 사람만을 위한 사랑이므로
사랑이라는 말은 속이 좁다
그러나 죽음이 갈라놓아도 사랑하기에
귀한 사랑은 시작이 있을 뿐 끝이 없다.

눈앞에 보이는 보석

지금이
멀리 있는 황금보다
더 빛나는 보석이다

먼 곳에 사는 것은
닿을 수 없어 아름답지만
별이 뜨는 밤도
지금부터 보인다

나를 만나는 사람들과의 대화
함께 있다는 사실만으로도
빛과 어둠을 주는 존재들

지금 누구와 무엇을 하는지
그대가 눈앞에 있을 때
별보다 귀한 보석이 열린다.

달콤한 깨강정이 있는 마을

유난히 군것질을 좋아했던 어린 시절
우리 동네는 명절이 다가오면
집집마다 굴뚝에서 연기가 피어오르는데
부엌 아궁이에서는 장작이 활활 타면서
가마솥에 무엇인가 맛 좋은 걸 넣고 끓였지
우리도 명절을 준비하느라고 시장 보고 와서
내가 좋아하는 먹을거리가 넘치게 쌓여서
절로 신이 나서 노래하고 춤을 추었다
달콤하고 구수한 식혜를 만들던 엿물에
끓으면 저절로 갈색 엿처럼 달달한 캐러멜
마당은 마치 달짝지근한 매실주를 뿌린 듯
은근한 향내가 먼 동구 밖까지 풍기면
허기진 나그네를 더욱 안달 나게 하였다
깨를 뿌린 강정 한입 조심스레 깨물면
눈은 절로 감기고 입안에선 황홀한 맛
명절이 되면 아련한 깨강정이 그리워진다.

홍시

어머니와 오일장 가는 길에
외따로 서 있는 감나무
가을이 깊어지면 수채화를 그린다

감나무는 수채화를 배경으로
홍시가 열리는데
까치가 흰 부채 문양을 펼치며
홍시를 쪼아 먹는다

고향 하늘에 서 있는 감나무
바람이 불어주면 잘 익은 홍시가
땅으로 떨어질까 가슴 졸였는데

모진 세월에 생채기가 남아도
홍시를 맛있게 먹은 나를 위하여
지금도 그 감나무엔 홍시가
고향 풍경을 그리고 있겠지.

곶감

우리 집 울타리 옆엔 감나무가 있는데
이상하게도 감이 열리지 않는 감나무라서
아이들은 학교에 올 때
군것질거리로 단감이나 곶감을 가지고 왔는데
나는 빈손이라서 미안하고 부끄러웠다

감이 먹고 싶은 내 마음을 알았는지
엄마는 친척 밭 감나무에 열린 감을 따서
깎아서 떫지 않을 때까지 처마에 매달고
곶감이나 말랭이를 만들고 먹게 해 주었다

아버지가 아끼는 대밭에 감나무가 있지만
대나무가 울창하고 감나무가 너무 커서
홍시가 빨갛게 익어도 바라보기만 했는데
아버지는 기분이 내키면 다람쥐처럼
감나무에 올라가서 감을 따 주었다

감을 먹고 있노라면 떠오르는 유년 시절
지금은 시와 소설을 쓰는 작가가 되었지만
한때는 나도 떫은 감처럼 말괄량이였지
누구라도 젊은 한때는 떫은 감이었다가
가을 향기가 물씬 풍기는 홍시가 되는 것을.

된장 항아리 노래

손에 따스한 기운을 집중시키고
삶은 콩을 힘껏 밟아야 해요

된장에는 오덕이 있으니
다른 음식과 섞여도
결코 자기 맛을 잃지 않는 단심丹心
세월이 흘러도 변치 않고
더욱 깊은 맛을 내는 항심恒心
각종 병을 유발시키는 기름기를 없애기에
순수한 맛을 지니는 무심無心
맵고 독한 맛을 부드럽게 만들어서
누구나 좋아하게 하는 선심善心
어떤 음식과도 조화를 이루어
몸에게 이로운 음식이라서 화심和心

적당한 그리움 촉촉이 담그고
정성을 모아 오래 묵혀야 해요.

종소리 들린다

종은 뜻을 말하는 입이다
서양종은 나팔꽃처럼 생겨서
내부에 달린 추를 흔들면
소리가 높고 급하게 퍼진다
해야 할 일을 알려주는 역할과
위험한 상황을 경고해준다
교회종도 학교종도 서양종이다
동양 종은 항아리처럼 생겨서
봉으로 몸뚱이를 건드리면
은근하고 여운이 긴 소리를 내며
마음을 편안하게 다독여준다
젊은 날은 시부모 모시고
남편 뒷바라지에 아이들을 돌보며
서양종처럼 바쁘게 살았다
이제 힘겨운 고비를 넘긴 중년이다
등에 죽비자국이 남은 동양 종처럼
깨우침과 깨달음 찾는 내가 되어
세상에 이로운 존재가 되어야겠다.

노을 지는 강

노을이 붉은 구렁이처럼
서산 너머로 기어가네요
기어가면서 비늘을 떨어뜨리는지
강물은 금빛 은빛 물무늬를 그려요

오늘 하루 잘 지냈다고
가고 싶은 곳을 잘 다녀왔다고
물결은 바람 따라 춤을 추네요

노을에게도 보금자리가 있겠지요
편히 쉬고 다음날을 기다리겠지요

나도 다시없을 노을을 향하여
두 손을 모아봅니다
먼 길 떠난 은인들을 위하여.

시간의 흔적

세월의 야속함을 느낄 때는
뚫어져라 쳐다 보아야만 보이는
검은 글씨의 소리 없는 아우성

사용설명서에 따르리라고 마주하는데
아무리 깊이 생각해도 뜻을 모르니
내 장래는 참으로 암담할 뿐이라는데

머리 손질하면서 반짝이는 것이 있어
서둘러 가까이 눈여겨 바라보니
아, 흰 머리카락에 주름이 생겼다니

해는 동쪽에서 떠서 서쪽으로 진다
지는 해는 일몰이라 사라지지만
산하를 물들이는 모습이 어찌나 고운지

쏜 화살 같이 내달리는 시간의 질주
순리에 따라 자신을 낮추고 살았으니
살아 있는 자체가 신의 축복인 것을.

눈부처를 마주하며

당신 마음 헤아리듯
내 슬픔을 아는 당신의 눈
그 눈동자에 나를 닮은 내 모습
또
내 모습에 들어 있는 당신 모습
눈 깜빡거릴 때마다
눈을 깜빡거리는 서로의 모습
백 년을 함께 살아야만
백 년 동안
당신 마음 헤아리듯
내 슬픔을 아는 당신의 눈.

그대를 사랑할 때

새벽을 여느라고 먼동이 트는 하늘
하늘 아래 세상이 밝아지는 일이므로
내 눈길에 닿는 것마다 빛나는 것

꽃이 비에 젖어도 빗물은 생명수
벌거숭이 나무에 눈이 쌓여도
눈길을 지으며 새봄이 오는 길

그저 그런 동네가 봄이 가까이 오면
어느 날 갑자기 화사한 벚꽃이 피어
여기가 무릉도원인가 가슴 설렐 때

외로움에 시달리던 내 눈은 밝아져서
가슴에서 솟은 눈물이 눈가에 맺힌다
그대를 사랑하기에 아파도 좋으니까.

나목

지난 봄 초록의 옷을 입고 앉아
오고 가는 이에게
싱그러움을 선물하던 그대가 아름다워
어루만지며 행복을 노래했습니다

뜨거운 태양이 그대의 얼굴을 비출 때
나는 그대의 그늘에 숨어서
가쁜 숨을 몰아 쉬기도 하고
지친 다리를 쉬어 가며 노곤함을 달랬습니다

남루한 헌 옷을 바꾸어 입는 그대 곁에서
곱게 물든 그대 아름답다 칭찬하면서
거울에 비춘 내 모습에 아파하며
다시는 오지 않을 사랑에 애달퍼했습니다

오늘은 빈 몸으로 우는 그대의 나신을
바라보며 서글픔이 한숨이 되어
빈 거리를 가득 메우고 있습니다

차가운 바람을 막아줄 이불 하나 없이
앙상한 뼈만 드러낸 그대의 나신이
슬퍼 그만 눈물이 납니다.

겨울 바다 그곳에는

매섭고 차디찬 기운
비릿한 갯내음
자욱한 안개속으로 무한히 많은 말을
건네고 있는 겨울 바다

새우깡을 찾고 있는 갈매기떼
차가운 바람에 얼굴을 부딪치며
훅 끼쳐 오는 차가운 소금기와
지평선 너머 아지랑이
추억 한 자락 삼키는 우리들

겨울 바다를 동경하는 추억 따라
얼룩 묻은 사진첩에서 발견한 얼굴
여명이 밝아 오는 시간
타박타박 발자국 소리 내며 걸어오는
하얀 파도에 내 몸을 실어 보낸다.

자화상

내 사진을 들고
내가 나를 본다
진한 눈매를 한 여인의 얼굴
왠지 서러워 보인다

무슨 일이 생긴 것일까
굳은 듯 비장한 저 얼굴
묻고 싶어도 묻지 못한다

얼굴 속엔 세월이 흔적이 있고
앙다문 입가엔 강인함이 넘치지만
누가 사진 속의 여인을 이해할까?

지난 세월이 서럽다
많은 상처로 눈물도 많았을 여인
내가 나를 보는 고뇌
내 가슴엔 새삼 아픔이 인다.

| 작품해설 |

꿈을 그리는 풍경화
- 조미경의 시

채 수 영
(시인. 문학비평가)

1. 시는 어떻게 오는가

　시는 인간처럼 존재한다. 그러나 그 존재의 형태가 어떤 경로를 통해서 오는지는 아무도 모른다. 시인 자신도 이 통로를 정확하게 알고 시를 쓰는 것은 아니다. 다만 시인은 시를 쓰고 있다는 사실 자체는 분명하다. 이는 심리적인 의식이 시인이라는 이름에 따라오는 부담감일 수도 있고 또 시를 숙명으로 받아들이는 정신의 추이로 설명할 수도 있지만, 항상 시는 신비한 의식의 문을 뚫고 한 편의 형상화를 만들 때, 그것은 세계의 축소이고 형상의 구조물로 독자 앞에 나타난다. 다시 말해서 한 편의 시는 곧 시인의 세계이자 공감으로 독자가 느끼는 구조물인 것이다. 이는 시인에 영감이라는 말로 설명이 가능하면서 또 이미지의 구축이 곧 시인의 능력을 가늠하는 기준으로 작동된다.

시인마다 일정한 비밀의 통로를 가지고 있다. 다시 말해서 시를 만나는 순간이 저마다 다르다는 특성이다. 얼핏 지나는 사물의 모습에서 시를 건져 올릴 수도 있고 심사(深思)하고 숙고하면서 대상을 만나는 경우도 있다. 이는 전적으로 시인의 개성으로 돌아가는 대답일 것이다.

이헌 조미경은 시인이자 소설가이다. 세익스피어나 괴테나 타골이나 보리스 파스테르나크 등등은 소설가로 이름을 기억하지만, 그들은 시를 썼고 소설을 썼다. 우리나라의 이광수나 김동리 또한 그렇다. 세상을 하직할 무렵에 김동리는 시집을 출간했다. 이는 무엇을 말하는가? 문학의 바탕은 시로 응축(凝縮)된다는 상징성이다. 시는 문학의 정신을 의미한다. 또한, 소설이나 수필 등 문학의 바탕은 시로 그 본질을 삼는다는 출발의 암시일 것이다. 조미경 또한 그런 정석을 따른다는 것은 문장에서 치밀한 구조의 소설을 만들 수 있고 정신의 고갱이를 이끌고 가는 의미를 추가할 수 있다. 시는 아주 치밀한 언어의 구조물이기 때문이다. 이제 그의 첫 시집에 수록된 80편을 점검하면서 시적 능력을 발견하는 길로 들어간다.

2. 생각의 줄기 찾기

1) 의자와 글쓰기

호젓한 길가에 의자가 놓여있다. 이 풍경은 누구를 기다리는 것일 수도 있고 또 고독한 인간의 모습을 유추할 수 있다는 점에서 서글픈 풍경화를 연상한다. 붐비는 장소가 아니라 바람이 쓸쓸히 지나고 그 위에 낙엽이 뒹굴고, 어쩌다 지나는 사람이 앉았다 떠나는 자취가 남아있을 때 서러운 인간의 모습이 그림을 그린다. 호젓하다는 의미는 고독하다는 의미에 가깝다. 그러나 고독은 모든 인간이 짊어져야 하는 숙명의 그림자이기 때문에 피할 수 없는 그림자처럼 떠날 수가 없는 줄기이다. 인간은 본질적으로 고독을 지니면서 살아가는 존재일 뿐 – 때로는 행복한 척하기도 하고 더러는 비극적인 운명에 질척거리는 삶을 살아가는 길도 있다. 쓸쓸하고 외로운 길에 동그마니 서 있는 의자는 인간의 숙명적인 모습이 오버 랩된다. 조미경의 시적 그림은 우선 의자의 서글픔으로 인간의 모습과 연결될 때 고흐의 〈농부화〉와 유사한 이미지를 남긴다.

아무라도 지나다니다가 앉아서 쉬라고
오솔길 모퉁이에 긴 의자가 있다
아무도 앉지 않은 긴 의자를 본다
나는 이미 오래전에 마음을 비웠으니

남에게도 자리를 내 줄 긴 의자일까?
수많은 별 중에 지구는 푸른 별
여기 태어난 사람들이 소풍 가는 길에
긴 의자에 앉아서 추억을 저장한다면
언제든지 인연으로 생각해도 되겠지
어느 시인의 말씀처럼
다시 오솔길을 찾아올 사람을 위하여
긴 의자는 오래 비워둔다기에
낙엽이 잠시 머물러도 마음은 풍요롭다.
〈낙엽 쌓인 긴 의자〉

가을바람이 불어 쓸쓸함을 부추기는 시간의 언덕을 넘어가는 스산함이 몸으로 스며드는 계절에 빈 의자의 모양에는 인간의 모습이 겹쳐진다. '오솔길 모퉁이' '아무도 앉지 않는 긴 의자'의 연상은 고독과 참담한 비극적인 유추가 일렁인다. 그러나 시인은 여기에서 '추억을 저장한다면' 이 또한 필요의 목록일 때, 인연의 줄기가 소중함으로 다가든다. 조병화의 의자처럼 누군가 찾아올 기다림의 긴 시간은 인간이 살아야 할 숙업(宿業)의 이름이기에 빈 의자는 항상 채워진 것과 같은 기다림의 호흡으로 담긴다. 그러나 시인은 결코 아픔이나 슬픔으로 질축거리는 마음이 아니라 '잠시 머물러도 마음이 풍요롭다'에 이르러 희망의 노래로 바라보는 안목이 두드러진다. 시는 언어의 탄력을 가질 때 응축의 묘미가 살아난다면 조미경의 의자는 철학적인 명상과 더불어 희망의 손짓이 따사롭다.

작가는 글 쓰는 사람을 통칭하여 부르는 경우가 있다. 물론 문학적인 장르를 세분할 때 시와 소설과 수필 등으로 나눌 수 있지만 글 쓰는 사람은 항상 모든 장르에 도전하는 일—이광수는 그런 작가였다. 희곡에서 소설, 시조, 시와 평론 등 모든 문학적인 분야에서 능력을 발휘한 작가이다.

글 쓰는 작가는 평생의 업으로 따라오는 그림자를 이끌고 살아간다. 문패만으로 행세하는 사람들이 많지만, 조미경은 그런 경우를 벗어난 부지런을 앞세우는 작가이다.

글을 쓴다는 것은 저지르는 것
저지르면 뉘우쳐야 될 게 뻔하지
글을 써야만 후련해지는 나는
날마다 상상하는 곳을 여행한다

어제도 날이고 오늘도 날이지만
아무리 비바람이 휘몰아쳐도
꽃도 피어야 꽃이기에
백지에 새 집을 짓는다

모든 만남은 새롭게 저지르는 것
낙엽은 땅에 버린 헌옷이지만
개미들의 지붕이라는 생각이 들면
어제 일은 오늘 하는 일과 다르다

어쩌지 못하는 허무를 부여잡고
사물을 보면서 사연을 만들면서
스스로를 비극의 주인공이 되어
눈물겨운 연극무대에 침몰한다.
〈글을 쓴다는 것〉

하얀 백지 위에 마주 앉으면 공포가 밀려온다. 이것이 글 쓰는 사람의 두려움이고 공포요 또 숙명과의 마주침이다. 여백의 원고지를 메우는 일은 아무것도 없는 공간에 창조의 그림을 그리는 것이기 때문에 무엇을 어떻게 쓸 것인가의 구조적인 것과 두려움을 항상 상승곡선을 타면서 견뎌야 하는 작업이다. 조미경은 이런 경험의 촉수를 '글을 쓴다는 것은 저지르는 것'이라는 용기와 마주선다. 그렇다, 어쩌면 글쓰기도 용기의 일환일 것이다. 저지르는 것의 행동의 수순이 마침내 무언가를 완성하는 일이 용기와 맞닥뜨리기 때문이다. 주저하는 자는 단 한 줄도 앞으로 나가지 못하는바, 결국 포기자의 분류라면 조미경은 '뉘우칠 일'이 있더라도 행동에 옮기는 일이 우선이라는 상징성이 곧 그의 글쓰기의 방법론이라는 설명이다.

글은 경험과 상상의 산물이다. 여기에 저지르는 용기가 합하여지면 여정(旅程)의 길은 뚫리기 마련이다. 하여, '백지에 모국어로 새 집을 짓는다'에 이르면 일정한 성과를 만나는 행복이 따라오기 마련이다. '저지르는' 일이 '허무를 붙잡고', '사연을 만들면서' 마침내 '눈물겨운 연극무대에 침몰한다'는 글의 완성에 행복해지는 '침몰'이 구원의 성과로 나타난다. 조미경의 글쓰기는 용기가 앞서고 논리는 뒤따라 글의 표정으로 나타나는 특성을 가지고 있다는 설명이다.

2) 그릇론

인간은 저마다 자기의 그릇을 가지고 산다. 세모의 그릇이라면 세모꼴로 인생을 그려가고 원일 경우에는 원(圓)으로 내용을 채우는 일이 삶의 표정이다. 다시 말해서 자기 용량과 그릇에 따라 삶의 모습이 결정되고 큰가 작은가는 결국 자기의 전 생애가 투영될 때, 나타나는 이름이다. 작은 그릇에 큰 욕심을 채우면 파탄의 운명을 만나고 큰 그릇에 너무 작은 용량을 채우면 불만족의 일생을 고달피 살아야 한다. 여기서 조미경의 그릇론은 설득의 상징성이 빛난다.

일생을 살면서 자기를 알고 자기가 어떤 존재인가를 알면 소크라테스가 말한 "너 자신을 알라"는 산파술을 이해한 현명이 따라오고 자기를 모른다면 우왕좌왕의 비틀걸음이 다가오게 된다. 여기서 사고하고 명상하고 또 타인을 이해하면서 살아야 하는 밝은 눈의 소유가 필요한 소이(所以)가 나타난다. 작품을 만나서 다시 설득의 문을 연다.

병에 물을 담으면 물병이고
꽃을 꽂으면 꽃병인데
무엇을 어떻게 담아야 그릇이 돋보일지
가장 소중한 무언가를 채워 보고 싶다

소박하지만 그릇마다 의미가 있다
의미를 부여하겠다는 생각조차도
내 마음에 무엇을 채워야 하는지
바람으로 스치다가 비워야 하는지

다른 것들과 조화를 이루어 아낄 때는
달빛처럼 은은한 빛을 품은 사기그릇이
버림받고 깨어지면 날카로운 파편이 되어
복수에 불타는 상처가 되어 신음한다

나는 언제든지 편안한 그릇이 되고 싶다
인생을 아름답게 보는 지혜로 글을 쓰고
자연에서 구한 느낌과 감동을 간직하면
내가 아끼는 그릇은 비어 있어도 소중하다.
〈그릇에 무엇을 채울까〉

제1연은 빈 병에 무엇을 채울 것인가를 생각하게 한다. 물병일까 꽃병일까 아니면 더러운 오물일까의 구분이 자기로부터 분류된다. 인생을 아름답게 살아가는 길은 바로 이런 자기선택의 방도에서 결정된다. 제2연은 그릇에 담긴 의미를 강조한다 '무엇을 채울 것인가'는 삶의 목표이자 자기 결정의 방법론이다. 왜냐하면, 삶은 자기 의지로 살아가는가 아니면 의존으로 끌려가는가의 선택에서 자기 의지의 빛남은 지조이면서 신념의 불을 켜야 만나는 이름이기 때문이다. 비울 것인가 아니면 채울 것인가의 선택은 전 생애의 문제이자 삶의 길이기 때문이다. 아울러 제3연은 조화의 중요성이 타인과의 생활에서 가장 중요한 덕목으로 자리 잡는다. 아마도 조화는 어떻게 살아야 하는 가의 길이 담겨질 때, 선한 사람과 악한 사람의 역할로 분류될 것이다. 마지막 4연은 가장 중요한 시인의 의도가 담겨졌다.

타인에게 '편한 그릇으로 살아야 한다는 명제는 궁극적으로 인생을 아름답게 살아가는 조화의 모습이기 때문이다. 나는 글은 그 사람만큼 쓰고 그 사람의 모든 것은 담는 그릇이다라는 말을 해왔다. 결국, 글은 작가의 개성을 담는 일이고 일생을 담는 용기(容器)가 곧 글이라는 생각이다. 또한, 지혜로 글을 쓰면서 현명한 길을 찾아가는 조미경의 모습에는 담담하면서도 근엄한 주장이 빛을 발하고 있다. 이런 모습이 조미경이 글을 쓰는 태도이고 삶의 모습이라는 점에서 성실함이 눈으로 보인다.

3) 사랑과 그리움

인간에게 사랑은 본질이다. 다시 말해서 사랑의 에너지는 삶의 원동력이고 생의 가치를 명확하게 하는 요소로 생각하면 사랑은 굳이 남녀 간의 사랑이라는 의미에 한정

하는 것은 아니다. 인간애(人間愛) 또한 거대한 사랑의 상징일 때 인간만이 사랑의 의미를 알고 사랑에 헌신하는 가치를 알고 있다. 물론 사랑에는 거리(距離)가 존재한다. 이 거리는 애절성으로 나타날 수도 있고 넘치는 파도로 드러날 수도 있다. 그러나 인간의 사랑은 항상 항심(恒心)을 가질 때 인간애의 가치는 지고성을 갖게 된다. 구약성경에는 '미움은 말썽을 일으키고 사랑은 온갖 허물을 덮어준다'는 의미처럼 사랑은 모든 것의 의미를 빛나게 강조한다.

〈국화꽃 같은 당신〉,〈그대와 이렇게 살리라〉,〈못난 사랑아〉,〈고백〉,〈단풍잎에 새긴 사랑〉,〈임이 그리워라〉,〈그대 그러므로 나〉,〈그이와 함께라면〉,〈지독한 사랑에 운다〉 등은 사랑과 그리움이 교차하는 시들이다.

새벽을 여느라고 먼동이 트는 하늘
하늘 아래 세상이 밝아지는 일이므로
내 눈길에 닿는 것마다 빛나는 것

꽃이 비에 젖어도 빗물은 생명수
벌거숭이 나무에 눈이 쌓여도
눈길을 지으며 새봄이 오는 길

그저 그런 동네가 봄이 가까이 오면
어느 날 갑자기 화사한 벚꽃이 피어
여기가 무릉도원인가 가슴 설렐 때

외로움에 시달리던 내 눈은 밝아져서
가슴에서 솟은 눈물이 눈가에 맺힌다
그대를 사랑하기에 아파도 좋으니까.
〈그대를 사랑할 때〉

사랑은 때로 맹목일 수도 있지만, 현명한 사랑에서는 눈빛으로 사랑은 다가든다. '그대'를 굳이 일정한 의미로 한정할 필요는 없다. 남편일 수도 있고 또 미지(未知)의 대상일 수도 있다. 시는 시적 허용 범위가 1+1=2라는 공식이 아니다. 때로는 0일 수도 있고 3일 수도 있을 때, 이를 시의 원리라 말한다. 그러나 이 애매성에는 질서와 정치(精緻)한 내용이 담겨있을 때, 감동의 누선(淚腺)을 발휘하게 된다.

다시 말해서 앰비규어티는 무질서한 애매성이 아니라 그 속에는 필연의 원리와 질서가 담겨있을 때, 독자의 심금을 울리게 된다는 뜻이다. 다시 말해서 시는 가장 치밀한 논리적인 글이라는 뜻의 허용 범위이다. '내 눈길이 닿는 것마다 빛나는 것'은 대상을 사랑의 심정으로 바라볼 때, 비로소 '빛나는 의미'가 드러날 수 있다. 아울러 새봄의 의미는 긴 겨울의 신산(辛酸)한 아픔을 지나고 난 후에 다가온 환희의 개념이기 때문에 사랑은 눈을 밝게 만드는 현명의 산물인 셈이다.

이런 경지는 꽃이 피는 상징으로 변하고 눈물이 맺히는 감동의 길이 환하게 열리는 셈이다. 이런 과정은 '아파도 좋다'는 설정이 두려움 없는 사랑의 깊이를 새기는 상징으로 시적 전개는 질서를 갖춘다.

> 매일 바라만 봐도 좋은 그이
> 달콤한 사랑의 밀어에
> 세상에 태어난 기쁨이 넘치건만
> 잠깐만 곁을 떠나면 눈물이 나고
> 언젠가는 마주 잡은 손이
> 영영 떨어지고 만다는 두려움이…
> 사랑은 줄수록 더 많이 주고 싶어서
> 사랑은 받을수록 더 받고 싶어서
> 욕망이라는 이름의 증기 기관차
> 오직 그 사람만 그이기에
> 한 사람만을 위한 사랑이므로
> 사랑이라는 말은 속이 좁다
> 그러나 죽음이 갈라놓아도 사랑하기에
> 귀한 사랑은 시작이 있을 뿐 끝이 없다.
> 〈지독한 사랑에 운다〉

사랑은 이기적일 때, 파탄의 문패를 달지만, 희생과 헌신을 갖출 때, 더욱 큰 사랑으로 돌아온다. 이 변화의 법칙은 언제나 주는 것에 더욱 애달파지는 원리는 사랑의 보편성만은 아니다. 왜냐하면, 사랑은 항상 변함없는 지속성을 요구하는 이름일 때 주는 기쁨 또한 대동하기 때문이다. '한 사람만을 위한 사랑이므로/사랑이라는 말은 속이 좁다'는 표현처럼 절대적인 헌신에서 사랑은 눈물

같은 가치를 수반하게 된다. 이 시의 마무리 '귀한 사랑은 시작이 있을 뿐 끝이 없다'라는 표현에서 조미경의 사랑의 의미는 마무리된다. 계산하고 따지는 경우는 실패로 향하는 이기성이라면 사랑은 항상 시작이지 끝이 없을 때 아름다운 길이 환희로 열매를 맺기 때문이다.

사랑과 그리움은 분리된 것이 아니라 쌍태아적인 연관성이 있다. 사랑이 먼저냐 그리움이 먼저인가는 구분의 나름일 뿐이다. 그러나 사랑의 전 단계는 그리움의 바다에 뛰어들 때 사랑의 길이 열리는 이유가 내재한다.

>   애써 나를 감추려고 해 본 적은 없어
>   시골 출신답게 순수했지요
>   어느 날 내가 근무하는 부서로
>   그이가 와서 꼬드기는 말을 했어요
>   가끔 훔쳐보았는데 밉지가 않아서
>   굳이 고상한 척 할 수가 없었지요
>   〈그이와 함께라면〉에서

사랑의 대상을 처음 만나는 장면이다. 같은 직장에서 자연스레 사랑의 길이 열리는 풍경이다. '밉지 않아서'는 이미 호감의 물살이 가슴에 출렁이는 길이 열리고 있음을 깨닫고 받아들이는 과정이 순수하고 맑다. 이런 '그이'와의 사랑이 열매로 익을 때 가정의 단위가 출발한다.

가정은 사회의 최소 단위이면서 생의 의미가 더욱 고귀

한 열매로 자식을 키우고 부모를 공양하는 너른 결합으로 시작한다. 조미경의 사랑은 꾸밈이 없고 직설적이고 단순하다. 그만큼 사랑의 순수성이 결국 행복으로 시작하는 상징의 출발이 되는 것 같다. 이는 헌신의 이름이 대신하는 결합이고 사랑의 진실성이 빛나는 시적 발상이 매우 진솔하다는 인상이다.

4) 부모에 대한 애정

모든 시인들의 작품에 공통성이 있다. 시인이 살고 있는 자연환경에서-꽃이나 강 혹은 산을 대상화로 하는 경우가 가장 많은 빈도로 시를 쓰고 다음은 인간관계에서 우정이나 부모에 대한 소재가 많은 편이고 또 사랑이라는 거대한 산맥을 오르려는 문학적 발상이 거의 대부분을 차지한다. 이것들은 삶의 현장에서 느끼는 것이 대부분의 소재로 작용하는 것이라면 부모-태어난 근본에 대한 천착(穿鑿)이 애정으로 나타난다.

아버지와 어머니-물론 어머니의 소재가 아버지보다 많은 편이다. 조미경의 경우도 ,〈어머니의 마음〉이나 〈팥 칼국수〉 또는, 〈단팥죽과 어머니〉, 〈어머니의 뒷모습〉 등이라면 〈아버지의 고무장화〉는 아버지의 표현이다. 그렇다면 왜 어머니와 아버지의 비율에 차이가 있을까? 이 경우는 조미경만이 아니라 모든 시인들의 작품에 소재 빈도가 거의 유사하다.

어머니는 일단 모든 자식의 허물이나 사랑을 감싸 보호하는 일이 주요 임무일 뿐만 아니라 젖을 먹여 애정을 직접적으로 전달하는 경우라면 아버지의 경우는 엄격하고 간접적인 애정의 표현에 차이가 있다는 점이 시적으로 나타나는 빈도의 차이일 것이다. 또 어머니는 자식을 직접 관리하는 임무라면 아버지는 외부를 감싸는 간접관리라는 점에서 차별이 있다는 점이다.

> 아버지 얼굴은 검버섯이 핀 바위
> 손수레에 퇴비를 싣고 끄시거나
> 산에서 땔나무를 지고 오시거나
> 어떤 고난도 굳건하게 견디셨다
>
> 장마철이면 전쟁에 나가는 용사처럼
> 손에는 손 때 묻은 삽을 들고
> 우비 입고 고무장화를 신고 빗속에
> 물꼬를 드는 모습도 장엄하셨다
>
> 논에는 거머리도 미꾸라지도
> 메뚜기도 참새도 더불어 살기에
> 일 년 내내 고무장화가 편하다고
> 흙을 아끼는 마음을 몸소 실천하신 농부
> 〈아버지의 고무장화〉에서

아버지의 역할이 주로 외적인 처리에 중점이 있다. 가족의 따스함을 위해 땔나무를 해오는 일이나 논에 물꼬를 트는 일, 그리고 삽을 들고 논밭은 관리하는 일들을 위시해서 하루의 대부분의 일들이 가족을 위한 외곽의 일들이 주요 임무라는 점에서 아버지의 역할은 울타리의 임무를 자처하고 살아간다면 주로 가족의 보호에 초점이 모아진다. 여기서 고무장화의 추억이 시인에게 오버랩된다.

어머니가 자식을 보호하는 길을 선택한다면 아버지는 주로 엄한 교육의 미래를 강조하는 점에서도 차별화가 있다. 다시 말해서 안과 밖의 구분이 명확한 아버지와 어머니의 임무는 차이가 엄존한다.

> 어머니의 마음은 신을 닮으려는 마음
> 자식을 가르치려고 애쓰다 보니
> 여자의 일생이 산 높고 바다 같이 깊어
> 못하는 것도 모르는 것도 없지만
> 환갑을 바라보는 자식도 걱정이 태산
> 자식이 무엇을 좋아하는지 알기에
> 구순이 넘어도 새벽바람에 밥 짓는다
> 〈어머니의 마음〉에서

두 편의 시적 대조에서 어머니의 역할은 주로 사랑이라는 목적에 헌신하는 본능적인 면모가 보인다. 주로 자식에 대한 맹목적인 걱정이 대부분이라면 아버지는 객관적으로 바라보는 차이가 있음에서 자식들은 어머니의 사랑에 더 끌리는 인상을 준다.

시선의 차이는 인식에 다름을 남긴다. 주관과 객관은 내(內)외 외(外)라는 차별의 공간에서 아버지의 역할과 어머니의 역할이 자식들에게 더욱 애절한 인식을 갖게 되는 것이지만 큰 본질에서는 아버지의 사랑이나 어머니의 사랑에 차이가 있음이 아니다. 문제는 사랑의 표현에서 직접적인가 아니면 간접적인가의 차이에서 인식의 수용은 다르게 인식된다는 느낌이다. 자식 사랑하지 않는 부모가 어디 있겠는가 말이다.

> 밥상에 둘러앉고 나서야 땀을 닦는 엄마
> 어머니의 나이가 되어 추억을 먹고자 하나
> 인고의 세월을 웃음을 지니고 떠나셨으니
>
> 엄마가 끓여준 손맛 팥 칼국수를 떠올리면
> 여태 간직한 치맛자락처럼 눈에 선한데
> 오직 자식 사랑임을 깊이 새긴다.
> 〈팥 칼국수〉에서

헌신의 일생을 살아가는 어머니의 모습이 그려졌다. 그만큼 시인의 마음에 깊게 각인(刻印)된 어머니의 상(像)은 일생을 붙잡고 떠나지 않는 마음의 강물이 흐르고 있다. 이 강물은 평생을 가슴에 휘돌아 사라지지 않는 위대한 에너지를 발휘하는 근원이 어머니의 초상이다.

5) 계절 인식 – 봄과 가을

계절은 주기적이지만 일생을 되풀이하면서 돌아오는 절기 속에서 삶의 편린이 달라진다. 가령 봄에는 봄의 정서가 주요 목록이 되고 가을에는 가을의 정서가 애조(哀調)를 부추기면서 나타난다.

조미경의 시에는 가을의 정서가 가장 많은 빈도로 작용하다. 이는 무엇을 의미하는가? 아마도 가을의 정서가 인식에 깊은 흔적으로 담겨 있다는 점이 강조된다.

〈꽃은 피는데〉,〈봄은 게으른 자를 위한 음악〉,〈4월의 말씀〉,〈목련화 봄 마중〉,〈꽃들의 외출〉들이 봄날의 정서라면, 〈가을은 시인의 계절〉,〈가을을 마중하며〉,〈가을비에 물드는 당신〉,〈국화꽃 같은 당신〉,〈단풍잎에 새긴 사랑〉,〈낙엽 쌓인 긴 의자〉,〈가을이 내 마음에 들어왔어요〉 등 많은 가을의 정서가 시적 표현으로 시인의 마음을 나타낸다.

이런 징후는 시인의 정서 속에 각인된 '어떤' 흔적의 일환으로 해석된다. 좋아한다는 것을 논리적으로 말할 수는 없다. 그러나 가을에 출생했거나 가을에 정신적으로 장악된 흔적이 있을 때 계절은 특별한 의미로 나타날 수 있을 것이다. 이는 시인에게 물어야 할 질문이라는 뜻이다.

봄은 생동을 전제로 출발한다.

꽃들은 앞 다투어 피어나지만
산길에 소소리 바람이 불면 춥고
햇볕이 고이는 풀밭은 따스하여
아직도 겨울과 봄이 뒤섞이는 계절

자연의 숨결이 굽이치는 사월
무르익은 봄은 온다는 믿음에
제비는 기억의 언덕으로 찾아와서
집을 짓는 생명의 노래가 눈부시다.

〈4월의 말씀〉중에서

생명의 노래가 춤을 춘다. 이런 봄날의 정경은 어디서나 생동감을 부추기고 겨울을 전송하는 준비의 노래가 꽃들의 피어남으로 소식을 알린다. '꽃들이 앞다투어 피는' 봄날의 화려는 치장을 서두르는 분주가 봄의 풍경화이다. 중국의 시인 구양수는 '도롱이에 삿갓 쓰고, 호미 들고 들로 나가 봄을 줍는다'는 표현으로 봄의 생동을 상징했다. 이런 징후는 모든 문인들의 작품에 많은 흔적으로 묘사를 했지만 결국은 생동의 봄을 나타냈다는 점에서 조미경도 같은 궤적을 그리고 있다.

가을은 조락(凋落)으로 길이 난다. 다시 말해서 왕성한 여름의 기운이 점차 쇠퇴하면서 모든 물상이 겨울 준비의 절차로 들어가는 길을 만든다. 이는 겨울을 받아들이기 위한 조짐이면서 내일을 기약하는 단계로 들어감을 암시한다.

조미경의 가을은 주로 당신이라는 대상에 특별한 의미가 새겨진다. 〈가을비에 물드는 당신〉이나 〈국화꽃 같은 당신〉, 〈단풍잎에 새긴 사랑〉등 가을에 만난 '당신'의 추억이 주류를 이루면서 가을의 의미가 강조된다.

> 가을이 애잔한 이유는 단풍이 곱고
> 푸른 하늘이 눈부신 때문이 아니다
> 여름엔 폭염으로 땀이 나도
> 꽃씨를 남기고 시든 해바라기처럼
> 시인들에겐 시심이 깊어지는 계절
> 단풍이 낙엽이 되어 찬바람에 떠돌아도
> 가을을 붙잡고 싶은 이유는
> 그리워해야할 사람이 있기 때문이다.
> 〈가을은 시인의 계절〉

아마도 가을이 특별한 의미를 갖는 이유가 시적인 요소와 밀접함을 상징한다. 왜냐하면, 시심이 깊어지는 계절이라는 표현에서 그 근거가 명확해진다. 물론 〈국화꽃 같은 당신〉에서도 가을의 인식이 주요 소재로 등장하는 것과 맥을 같이한다. '그리워해야 할 사람이 있기 때문이다'에서 가을을 좋아하는 근거가 명료해진다.

그러니까 당신이라는 대상과 시심에의 두 가지 요인이 가을을 특별하게 인식하는 시의 소재로 등장하는 이유를 찾을 수 있다는 뜻이다.

3. 시심(詩心)의 깊이 바라보기

　시는 지혜의 표현이 아니다. 정서의 느낌을 나타낼 때, 진솔함과 순수함이 필요하다면 조미경의 시적 표현은 담백하다. 조미경의 시에는 논리적인 인생의 해석이 담겨있고 시적 그릇의 근거는 시인의 시적 용량과 시인과의 밀접한 삶의 요소가 형상화되었을 때 정서의 유로(流路)가 화려하게 풍경을 그린다. 이런 근거는 언어의 운용에 탄력과 명료한 이미지의 구축과 어조(語調)의 유려함이 근거로 제시된다.
　사랑의 정서가 순수하고 부모에 대한 애정이나 계절의 인식 속에서 삶의 표현을 나타내는 조미경의 시적 정서는 가을 깊이를 갖고 맛깔을 창조하는 순수한 시인이다.

초판 인쇄	2020년 10월 12일
초판 발행	2020년 10월 17일

지은이 조미경
발행인 임수홍
디자인 맹신형
발행처 한국문학신문
주　소 서울 강동구 양재대로 114길 32 2층
전　화 02-476-2757~8　FAX 02-475-2759
카　페 http://cafe.daum.net/lsh19577
E-mail kbmh11@hanmail.net

값 10,000 원

ISBN 979-11-90703-20-8

· 저자와의 협약에 의해 인지는 생략합니다.
· 이 시집의 글은 저작권법에 따라 보호를 받는 저작물이므로 저자와 출판사의 동의 없이는 무단 전재 및 무단 복제를 금합니다.
· 잘못된 책은 바꾸어드립니다.

이 도서의 국립중앙도서관 출판예정도서목록(CIP)은 서지정보유통지원시스템 홈페이지(http://seoji.nl.go.kr)와 국가자료종합목록 구축시스템(http://kolis-net.nl.go.kr)에서 이용하실 수 있습니다. (CIP제어번호 : CIP2020042793)